本书得到湖北省高校人文社会科学重点研究基地武汉轻工大学食品安全研究中心和国家自然科学基金项目（72201199）的资助

邮轮
船供物资供应链
优化模型与方法

黄利玲 ◎ 著

中国财经出版传媒集团

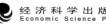

经济科学出版社
Economic Science Press

·北 京·

图书在版编目（CIP）数据

邮轮船供物资供应链优化模型与方法／黄利玲著
. --北京：经济科学出版社，2023.10
ISBN 978 - 7 - 5218 - 5090 - 1

Ⅰ.①邮…　Ⅱ.①黄…　Ⅲ.①旅游船-物资供应-供
应链管理-研究　Ⅳ.①F550.6

中国国家版本馆 CIP 数据核字（2023）第 163855 号

责任编辑：王柳松
责任校对：易　超
责任印制：邱　天

邮轮船供物资供应链优化模型与方法

黄利玲　著

经济科学出版社出版、发行　新华书店经销

社址：北京市海淀区阜成路甲 28 号　邮编：100142

总编室电话：010-88191217　发行部电话：010-88191522

网址：www. esp. com. cn

电子邮箱：esp@ esp. com. cn

天猫网店：经济科学出版社旗舰店

网址：http://jjkxcbs. tmall. com

固安华明印业有限公司印装

710×1000　16 开　12.25 印张　200000 字

2023 年 10 月第 1 版　2023 年 10 月第 1 次印刷

ISBN 978 - 7 - 5218 - 5090 - 1　定价：59.00 元

　　邮轮船供物资对于邮轮正常运营起着重要的基础作用，邮轮船供是邮轮母港的重要功能。邮轮船供物资涉及品种多、总量大，具有良好的市场前景。中国没有具有"全球采购、全球配送"功能的国际邮轮物资配送中心，且本地采购数量有限，境外物资供船的操作又不便利，不仅对邮轮的正常运营产生影响，也制约了中国邮轮航线的进一步拓展。因此，本书在国内外相关研究的基础上，结合中国邮轮船供市场的发展现状，从系统角度出发，研究了中国邮轮船供物资的物流配送及采购模式，从邮轮船供物资供给和需求两方面考虑，选取配送、采购、库存、物流服务供应商评价四个关键问题进行研究。另外，考虑到邮轮属于大型聚集型旅游产品和人群聚集的海上载体，易发生各类公共卫生事件，邮轮应急物资是应对突发公共卫生事件的基础与保障。基于系统协同视角，对邮轮应急物资的布局策略进行研究。本书的具体研究内容有以下六点。

　　第一，梳理了邮轮船供物资供应链理论及优化相关理论，分析了邮轮船供物资及其供应链的内涵、分类及特点，对主要邮轮船供模式进行了分析。并对国内外邮轮船供发展现状进行概述，通过对比分析指出中国邮轮船供面临的机遇和挑战，在此基础上，界定了本书的关键研究问题，为后续研究提供理论支撑。

　　第二，结合邮轮补给过程中的短时间窗特征，根据"船舶供应商—邮轮船供物资配送中心—邮轮"三级配送网络，构建了基于短时间窗的邮轮船供物资配送中心选址和配送联合决策优化模型，并设计了"两阶段"求解法。第一阶段采用 Benders 分解算法，确定邮轮船供物资配送中心的选址、服务对象及对应配送量；第二阶段运用 CPLEX studio 软件，求解船舶供应商到邮轮船供物资配送中心的配送调度问题，并用算例仿真分析，验证了模型及方法的有效性。

第三，结合邮轮船供物资采购的全球性特征，根据境外船供物资的不同订购周期和订购成本，构建了基于保税仓库的境外邮轮船供物资多品种联合订购模型，并提出了一种改进的群体智能优化算法——引入惯性权重的烟花算法（WFWA）进行求解。最后，用算例分析对比了其与遗传算法（GA）、粒子群算法（PSO）和烟花算法（FWA）的仿真结果，验证了上述算法有较高的优化精度和全局收敛性。

第四，根据邮轮船供物资补给时间线和补给阶段，构建了考虑时间线的短保质期邮轮船供物资两阶段补给模型，模型中考虑了从母港契约市场和停靠港现货市场补给过程中短保质期船供物资的机会成本和处置成本，并在更新过程中考虑需求信息删除（DIC）的情形，引入贝叶斯不完全信息更新理论。最后，用数值算例分析了参数变化对结果灵敏度的影响。

第五，根据邮轮船供物流服务供应商的内涵和类型，从业务水平、协同能力、服务价格、竞争力四个方面，构建了邮轮船供物流服务供应商评价指标体系，用网络层次分析法（ANP）建立了各指标之间相互依存和反馈的关系评价决策模型，运用 Super Decisions 软件求解模型，再结合 RBF 神经网络进行训练及验证，提取隐含知识和规律。该增量算法能有效地避免主观因素影响，增加评价动态性。最后，用算例仿真分析验证了模型及方法的有效性。

第六，基于协同视角，研究了突发公共卫生事件背景下邮轮应急物资布局策略，为提高邮轮突发公共卫生事件应急响应能力和灵活性，在现有布局决策的基础上引入协同概念，构建系统总成本最小和总覆盖满意度最大的双目标规划模型。基于4M理论构建邮轮港口安全脆弱性指标体系，运用层次分析法（AHP）对邮轮港口安全脆弱性进行评价并设计非支配排序的遗传算法（NSGA-Ⅱ）求解模型，最后，用算例仿真分析验证了模型及方法的有效性。

本书从供应链系统出发，研究邮轮船供物资供应链系统优化模型与求解方法，本书对完善邮轮船供物资供应链理论体系，健全中国邮轮母港船供功能，降低中国邮轮船供物资供应链成本，提高邮轮船供物资配送效率和服务水平，推动延长并完善中国邮轮产业链，推动邮轮业健康可持续发展，具有重要的理论意义和现实意义。

黄利玲

2023 年 4 月

目　录

第一章 导 论

第一节 研究背景

一、中国邮轮旅游发展迅猛，邮轮船供市场规模巨大

百余年来，国际邮轮旅游始终保持着强劲的发展态势，年均增速为 6%～8%。2018 年，国际邮轮旅游市场规模人次突破了 2580 万，为世界经济增长做出了卓越贡献。① 当前，国际邮轮旅游市场呈现出新的发展特征，即逐步向经济发展前景广阔的东部市场迁移。从市场规模年增速来看，亚洲及大洋洲地区在内的东部区域明显超出欧美等发达国家。2002 年国际邮轮公司逐渐开始关注亚洲这一重要的客源旅游市场，以新加坡和中国为代表的亚太地区邮轮旅游市场的需求迅速激增，正在推动以大型豪华国际邮轮为代表的国际邮轮旅游产业升级到"黄金时期"。自 2006 年中国邮轮正式进入母港经济时代，邮轮母港旅游市场快速发展的巨大潜力也得到了释放，邮轮出入境旅游市场的规模也得到快速提升。目前，中国邮轮市场迸发出强劲的发展态势，具体表现在邮轮接待航次及出入境游客接待人数的明显增长。2018 年，中国的上海、天津等 13 个主要邮轮港口总计接待邮轮 976 艘次，其中，接待母港邮轮 898 艘次，十余年间提高了 30 多倍。另外，出入境游客量接近 489 万人次，比 2008 年增长近10 倍，2008～2019 年中国邮轮港每年接待邮轮艘次和游客量，如表 1-1

---

① 资料来源：国际邮轮协会 CLIA.《2020 年全球邮轮旅客报告》［EB/OL］. https：//cruising. org/en/news-and-research/research/2021/june/clia-global-passenger-report-2020.

所示，2008～2009 年中国邮轮港每年接待邮轮艘次总量及增长趋势，如图 1-1 所示。

表 1-1　　　2008～2019 年中国邮轮港每年接待邮轮艘次和游客量

项目	2008 年	2009 年	2010 年	2011 年	2012 年	2013 年	2014 年	2015 年	2016 年	2017 年	2018 年	2019 年
母港邮轮艘次量（艘次）	28	40	79	110	169	335	366	539	927	1098	898	735
访问港邮轮艘次量（艘次）	318	219	215	162	106	71	100	90	83	83	78	76
母港游客量（万人）	5.7	10.3	22.2	18.8	41.2	102.4	147.9	222.4	428.9	478	471.4	398.6
访问港游客接待量（万人）	43.0	24.1	25.9	29.1	24.5	17.8	24.5	26.6	27.8	17.4	17.3	17.9

资料来源：笔者根据中国交通运输协会邮轮游艇分会（CCYIA）和中国港口协会邮轮游艇码头分会联合统计数据计算整理而得。

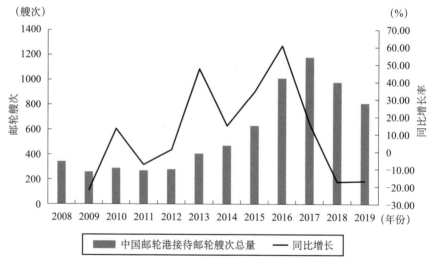

图 1-1　2008～2019 年中国邮轮港每年接待邮轮艘次总量及增长趋势

资料来源：笔者根据表 1-1 中的数据计算整理绘制而得。

邮轮产业被媒体称为"漂浮在海上的黄金产业"，如火如荼的产业态势下产生了庞大的邮轮旅游数字，背后则是巨大的游客日常物资消耗，国际邮轮每航次都需要补给大量的邮轮船供物资，以更好地满足国内外游客在海上旅程中的日常物资需求并确保邮轮服务质量。

根据相关资料统计，中国母港邮轮市场所需食品的补给消费标准略低于其他国际大型邮轮市场的 107 元/床/晚。[1] 约为 85 元/床/晚。[1] 若以一艘 10 万吨级、载客 4000~5000 人、一次航程为 5 天的邮轮为例，则食物补给消费额一般在 150 万~160 万元，若以 150 万元计算，则 100 个航次仅食物的消费额就高达 1.5 亿元，再加上旅程中船上酒店日常消耗品、生活必需品及免税品等，大型邮轮每航次所需食品等采购额大约为 600 万元，邮轮运营总成本中船供物资占比较高。[2] 由此可见，邮轮船供市场规模巨大。

二、邮轮船供的关注度越来越高

邮轮船供，对于邮轮的正常运营有着重要的基础作用和保障作用，是邮轮经营环节和管理环节的主要组成部分，也是邮轮产业链中一个重要的组成部分。邮轮船供作为邮轮母港的重要功能，可作为一个邮轮母港国际竞争力的重要衡量指标，是吸引国际邮轮来港进行常态化运营的关键要素之一。邮轮船供在国际邮轮旅游市场占据重要地位，是邮轮旅游市场发展的重要保障之一，也是国际邮轮母港区别于访问港、始发港的重要特征之一，也是影响邮轮航线设定的重要影响因素。随着中国国际邮轮市场的扩大和邮轮母港的建立，越来越多的国际邮轮将中国邮轮母港作为重要的船供基地，邮轮船供日益成为研讨的热点话题，也成为邮轮母港不断推进创新探索的重点方向。2015 年起，我国中央政府和地方政府相继出台多项邮轮船供产业扶持政策，为邮轮船供发展的长远规划提供发展方向与发展路径，2015~2021 年中国推出的邮轮船供相关政策，如表 1-2 所示。

表 1-2　　　　　　　2015~2021 年中国推出的邮轮船供相关政策

出台时间	发布单位	政策名称	主要内容
2015 年 7 月	上海出入境检验检疫局	《过境供邮轮食品供应链检验检疫管理规定（试行）》	推出全国首个邮轮检疫监管综合性检查方案，试行邮轮卫生指数检查机制

---

① 资料来源：冯宪超. 中国邮轮物资供应市场解析及政策建议 [J]. 中国港口，2017 (10)：31-34.

② 资料来源：砥砺奋进的五年：全球前十港口中国占七席 [EB/OL]. http://www.dangjian. cn/djw2016sy/djw2016syyw/201706/t20170620_4303916. shtml.

续表

出台时间	发布单位	政策名称	主要内容
2015 年 4 月	中华人民共和国国务院	《中国（天津）自由贸易试验区总体方案》	着力提高邮轮供应服务水平，进一步完善和优化配套设施，积极打造规模庞大、功能丰富、服务完善的邮轮旅游岸上配送中心
2016 年 7 月	上海出入境检验检疫局	《关于支持上海邮轮产业发展若干意见的公告》	其目的在于利用邮轮港口设施建设、邮轮安全监管、旅客安全和食品供应 4 个方面、10 项政策举措，促进上海邮轮行业稳健长效发展
2016 年 10 月	中华人民共和国国家质量监督检验检疫总局	《出入境邮轮检疫管理办法》	2017 年 1 月 1 日起实施，进一步明确对出入境邮轮食品安全实施监督管理等相关内容。境外直供邮轮的动植物源性食品和水果的入境口岸、运输路线、出境口岸等相关事项，应当向配送地直属检验检疫局备案。境外直供邮轮食品在配送时应当接受开箱检疫
2017 年 6 月	厦门市	"保税供船""进口直供""整进散出"监管模式	为对接国际邮轮船供"全球采购、统一配送"模式，厦门母港试行"保税供船""进口直供""整进散出"的新监管模式
2018 年 4 月	中华人民共和国国务院	《关于支持海南全面深化改革开放的指导意见》	按国际一流的邮轮船供服务母港标准建设三亚邮轮母港，支持建设服务三亚邮轮母港的免税油料、生活物资、维修等邮轮物料供应基地与维修养护基地
2018 年 6 月	中国（福建）自由贸易试验区厦门片区管委会	《关于促进厦门自贸试验区邮轮船供服务业发展的暂行办法》	进一步强化厦门邮轮产业邮轮物资供应链，吸引国际邮轮来厦常态化，推动国际邮轮在厦门就地采购或者中转直供。按每年交付国际邮轮的国内物资货值总额，给予 2% 的奖励，每家邮轮船供企业最高奖励额度为 100 万元/年
2018 年 9 月	中华人民共和国交通运输部	《关于促进我国邮轮经济发展的若干意见》	提出总目标"到 2035 年我国邮轮市场将成为全球最具活力市场之一"，明确了邮轮供应、物流配送等配套产业发展目标

续表

出台时间	发布单位	政策名称	主要内容
2020 年 6 月	中华人民共和国国务院	《海南自由贸易港建设总体方案》	推动金融制度与口岸制度创新和战略合作，实现邮轮融资租赁、船供物资中转集散业务的突破发展。吸引大型邮轮公司的贸易、加工及船供物流企业在洋浦布局，发展特色邮轮船供物资的国际中转集拼业务，将海南建设成为亚太地区重要的邮轮船供物资中转集散中心
2021 年 9 月	天津市人民政府	《关于加快天津邮轮产业发展的意见》	打造国际邮轮用品采购供应中心，研究制定邮轮船供创新政策，加快推进东疆保税港区开展邮轮配送业务。在已设立出境免税购物区的前提下，打造综合型邮轮船供物流基地。简化邮轮船供物资检验流程，创新邮轮物资供应监管模式，创建与国际配送业务相适应的海关监管制度
2021 年 9 月	广西壮族自治区人民政府	《关于支持北海市发展邮轮产业的意见》	加快邮轮船供基地和平台建设。支持北海市搭建邮轮船供物资平台，探索建立统一出口监管仓和保税仓。探索实行邮轮船供"全球采购、集中配送"模式，吸引邮轮公司在北海市建立国际邮轮物资配送中心，健全国际货柜转运制度

资料来源：笔者根据我国中央政府及各地方政府网站的相关资料整理而得。

2017 年 5 月，全球最大的国际休闲文化旅游产业集团上海嘉年华旗下意式文化休闲旅游品牌歌诗达邮轮正式宣布，与中国（天津）自由贸易试验区天津东疆保税港区签署合作框架备忘录，根据备忘录，歌诗达邮轮将作为中国（天津）自由贸易试验区国际邮轮船供物流配送的试点单位，积极探索在天津东疆保税港区建设并打造国际邮轮物资仓储分拨配送服务基地，开展国内外重要港口的邮轮船供物资的采购、物流、仓储、分拨、集散、供给等相关物流业务。[①] 2018 年 1 月，中国人民政治协

---

① 资料来源：东疆商会. 歌诗达邮轮和天津东疆保税港区签署合作框架备忘录 [EB/OL]. http：//www. dongjiang. gov. cn/contents/22/7632. html.

商会议上海市宝山区第八届 8 次主席（扩大）会议期间，邮轮经济发展成为关注的焦点，参会人员纷纷建议上海市宝山区要大力发展国际邮轮船供产业，打造一个综合型的国际邮轮港口及船供物流中心，提出"十三五"规划期间上海宝山将进一步大力发展国际邮轮船供产业，其中尤为引人关注的，是以物流、商流为服务核心的综合型国际邮轮航行船舶港口供应物流市场。① 以上一系列行动和政策出台表明，邮轮船供的关注度越来越高。

三、中国邮轮船供业尚处于起步阶段

在中国，邮轮产业属于典型的新兴产业，因为消费主要集中在船上，所以，其带动的国内经济消费相对较弱。另外，受各种因素影响，国内邮轮旅游经济发展相对落后，无法与西方发达国家媲美，仍然处于"过路经济"时代，即其经济效益主要源于邮轮港务等交通费用，中国邮轮母港地位未得到全面彰显。经过努力，近年来中国邮轮船供业已经取得少量突破，如，上海等地已开通了便捷、高效的邮轮船供进口业务，2017 年，上海吴淞口国际邮轮港顺利完成 20 个航次，提供多达 76 个国际货柜供船业务，货值总额约 3000 万元，货品类别丰富，突破 2000 种，邮轮船供总量突破 4 亿元。② 2019 年，本地采购发生船供代理 234 航次，船供本地采购总金额估计为 23032.67 万元。其中，吴淞口邮轮港代理船供 116 航次，船供本地采购金额为 9838.77 万元；外轮供应代理船供 77 航次，船供本地采购金额为 3012.59 万元；远洋供应代理船供 13 航次，船供本地采购金额为 754.87 万元。上海港的大部分生鲜物资采购源自国内，采购物资的类别突破 250 种，国内采购额 2 亿~3 亿元。③ 另外，天津母港 2017 年合计供应邮轮食品及所有生活必需品约为 9637 吨，总价值约为 11576 万元。④

---

① 上海市宝山区政协. 积极建言 助推宝山邮轮经济高质量发展 [EB/OL]. http：//bzx. baoshan. sh. cn/news/201804/t20180404_ 254467. html.

②④ 汪泓. 邮轮绿皮书：中国邮轮产业发展报告（2018）[M]. 北京：社会科学文献出版社，2018.

③ 汪泓. 邮轮绿皮书：中国邮轮产业发展报告（2020）[M]. 北京：社会科学文献出版社，2020.

相比国际成熟邮轮市场，中国邮轮市场的发展尚处于起步阶段，在国际邮轮船供方面尚有较大差距，如，数以万计的邮轮船供物资中，在中国采购的比例仅为10%，中国邮轮船供市场还有更大的发展潜力和发展空间。究其原因，中国缺乏一批专业从事邮轮船供业务的大型物流服务企业、保税仓库、物流网络等。虽然上海等地智慧物流的概念得到一定推广和实践，但尚未有大型物流公司定制专业的邮轮船供物流规划及服务。另外，邮轮航线的国际化发展，使邮轮船供业务开展过程中受到多重因素影响，既涵盖了"点"（比如，母港、挂靠港），更涉及整条"线"在资源、时间与成本上的控制与规划。邮轮船供物资主要包括船上人员生活的基本物资及消耗品，供应规模大且类别丰富，大部分以冷藏保鲜食物为主，对时效性要求很高，同时，不同国家和地区的监管要求和法规给邮轮船供物资供应链带来挑战。因此，厘清中国邮轮船供发展存在的问题，明确邮轮船供物资供应链的主要特征，识别邮轮船供物资供应链系统中的关键环节，并对关键环节进行优化研究，有效地降低邮轮船供物资的供应链成本和邮轮运营风险，使邮轮船供经济效益充分发挥是亟待解决的问题。

第二节　研究意义

一、研究目的

随着人们生活水平的提高和消费需求升级，邮轮旅游需求规模迅速扩大，邮轮产业得到快速发展。中国以优越的地理位置、独具魅力的东方文化、丰富的旅游资源和潜力巨大的客源市场，成为亚洲邮轮市场的核心组成部分。邮轮旅游作为中国旅游业增长最快的部分之一，是对接"一带一路"倡议、深化改革开放、加强旅游外交和实施海洋经济强国战略的重要助力。未来中国邮轮旅游业的发展潜力与发展空间巨大，而邮轮船供物资供应链在邮轮运营中发挥着重要作用。本书旨在系统地研究中国邮轮船供物资供应链的优化设计问题，根据邮轮船供物资供应链的特点及船供模式建立相应模型并设计求解方法，进一步丰富、完善邮轮供应链建模及求解理论，为中国邮轮业健康、可持续发展提供科学依据和决策支持。

二、研究意义

（一）理论意义

目前，针对邮轮船供物资供应链方面的研究，国内外学者较多从宏观层面定性地进行探讨，如，从邮轮港口配套设施、供应商关系等方面进行研究，从邮轮船供物资供应链特征出发，深层次对其进行系统优化研究尚属空白。因此，本书从系统角度出发，研究了中国邮轮船供物资的物流配送及采购模式，从国际邮轮船供物资供给和需求两方面考虑，选取配送、采购、库存、物流服务供应商评价、供应链网络等关键问题，对其供应链进行优化建模与方法研究，能弥补当前中国邮轮供应链研究主要侧重于宏观定性分析的不足，对进一步丰富邮轮船供理论体系具有重要意义。

（二）现实意义

首先，通过归纳、总结国内外邮轮船供发展现状，分析影响中国邮轮船供发展的机遇与挑战，梳理邮轮船供物资供应链优化问题，有助于中国邮轮船供企业制定供应链管理及物流规划方案。同时，为邮轮企业制定和调整船供物流规划方案提供决策依据和决策参考，具有一定应用意义。

其次，从供应链系统优化角度出发，研究中国邮轮船供的主要模式，选取邮轮船供物资供应链系统中的配送、采购、库存、物流服务供应商评价、供应链网络等关键问题进行分析及优化研究，对于降低邮轮船供物资供应链成本，提高邮轮船供物资配送效率和服务水平，完善邮轮应急管理体系，推动延长、完善中国邮轮产业链具有一定指导作用，并对推动中国邮轮业健康发展具有现实意义。

第三节　技术路线和研究方法

一、技术路线

本书遵循"提出问题，建立模型，求解模型"的总体研究思路，研究步骤是：理论总结→现状分析→提出问题→分析问题→构建模型→模型分析→方法设计→数值仿真。本书技术路线，如图 1-2 所示。

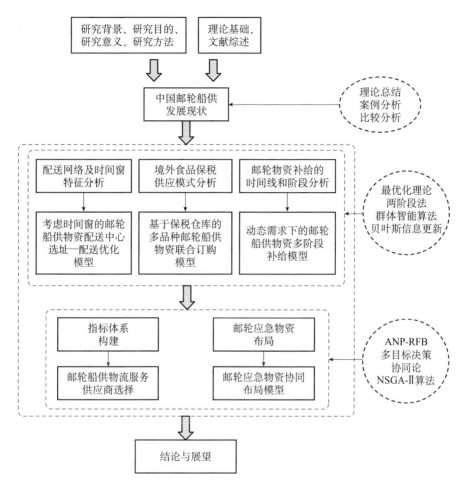

图 1-2　本书技术路线

资料来源：笔者绘制。

二、研究方法

本书以运筹学、管理学、系统工程、经济学、计算机科学应用等多学科为理论基础，采用文献研究、定性与定量相结合、理论与实证相结合、数学优化与仿真相结合等方法，以 Benders 分解算法、粒子群优化算法、烟花算法、改进烟花算法、遗传算法、贝叶斯更新理论、ANP-RBF 为技术支撑，以 MATLAB 软件、CPLEX studio 软件作为工具，对邮轮船供物资供应链相关理论及优化问题开展了较为系统的研究。

第四节　研究框架和拟解决的关键问题

一、研究框架

本书各章的具体安排如下。

第一章，导论。本章主要阐述研究背景、研究目的和研究的理论意义及现实意义，以及研究中拟解决的关键问题，架构全书的研究思路，介绍研究的创新之处。

第二章，相关理论基础及文献综述。本章阐述了本书的理论基础，包括邮轮船供、邮轮船供物资供应链、邮轮船供物资供应链系统、最优化方法等。同时，对关于邮轮船供、选址和配送联合决策、联合订购、多源多阶段采购、物流服务供应链评价、弹性供应链等方面的中外文研究动态进行梳理和述评。

第三章，国内外邮轮船供发展现状。通过全面分析国内外邮轮船供发展现状，阐述中国邮轮船供发展的机遇及挑战，梳理邮轮船供物资供应链系统优化的关键问题。

第四章，基于短时间窗的邮轮船供物资配送中心选址——配送优化。本章首先，从供应链供给角度出发，结合邮轮船供物资补给时效性特征，对邮轮船供物资配送网络进行分析；其次，阐述邮轮船供物资补给过程中的短时间窗特征，并构建了考虑短时间窗带来的配送惩罚函数的配送中心选址——配送联合决策优化模型，设计了一种"两阶段"法的求解方法；最后，通过算例对模型和算法进行验证。

第五章，基于保税仓库的境外邮轮船供物资多品种联合订购优化。本章首先，从供应链供给角度出发，结合邮轮船供物资采购的全球性特征，分析了基于保税仓库的境外邮轮船供物资多品种联合订购模式；其次，基于保税仓库构建了具有不同订购周期的境外邮轮船供物资多品种联合订购模型，并提出了一种改进的群体智能优化算法——引入惯性权重的烟花算法求解模型；最后，用算例分析了所提算法与其他三种群体智能算法的求解仿真结果，验证了所提算法的有效性。

第六章，考虑时间线的短保质期邮轮船供物资多阶段补给优化。本章首先，从物流系统的需求角度出发，结合邮轮补给点的移动性特征，分析了邮轮船供物资补给时间线和补给阶段；其次，考虑了具有短保质期的邮轮船供物资的库存水平控制问题，构建了考虑时间线的短保质期邮轮船供物资多阶段补给优化模型，并运用贝叶斯不完全信息更新理论；最后，用算例分析了参数变化对结果灵敏度的影响。

第七章，基于 ANP – RBF 的邮轮船供物流服务供应商评价。本章首先，界定了邮轮船供物流服务供应商的涵义及类别；其次，构建了邮轮船供物流服务供应商的指标体系，运用 ANP 模型确定指标权重，应用 RBF 神经网络对数据进行验证和拟合，提取隐含知识和规律，避免了决策过程中主观因素的影响；最后，通过算例仿真分析，验证了指标体系和方法的有效性。

第八章，重大突发公共卫生事件背景下的邮轮应急物资协同布局策略。本章首先，分析邮轮应急物资的现有布局模式与协同布局模式，构建了邮轮港口群公共卫生应急物资储备库协同选址—分配的双目标规划模型，基于 4M 理论构建了邮轮港口安全脆弱性评估指标体系，计算得到邮轮港口脆弱性权重；其次，运用非支配排序遗传算法（non-dominated sorting genetic algorithm – Ⅱ，NSGA – Ⅱ）求解模型；最后，通过算例仿真分析验证模型和方法的有效性。

第九章，研究总结。本章归纳总结本书的主要结论。

二、拟解决的关键问题

本书拟解决以下关键问题。

（1）中国邮轮船供发展的总体现状如何？在当前发展过程中存在的问题有哪些？邮轮船供物资供应链体系如何？在邮轮船供物资供应链系

统中表现出哪些特征？

（2）邮轮船供物资的短时间窗补给特征，如何影响邮轮船供物资配送网络？本书通过分析邮轮船供物资配送网络结构，构建混合整数规划模型并分析结果，回答上述问题。

（3）在邮轮船供物资采购过程中，邮轮船供物资的订购模式如何？在全球化采购背景下，保税仓库在邮轮船供物资采购中发挥怎样的作用？邮轮船供物资订购的优化策略问题。

（4）在邮轮航行过程中，邮轮船供物资补给点的移动性对其补给策略的影响，邮轮船供物资保质期短的特点对其库存水平控制的影响？是本书需要解决的一个重要问题，本书基于贝叶斯信息更新理论，构建动态规划模型，并分析邮轮船供物资多阶段补给策略。

（5）因为物流服务供应商在邮轮船供物资供应链系统中的地位与作用，所以，如何选择好的物流服务供应商保证邮轮船供物资供应链的高效运行，也是本书需要解决的一个重要问题。笔者查阅大量文献后，在建立邮轮船供物流服务供应链指标体系的基础上，构建网络层次分析法和神经网络评价模型并分析结果。

（6）为了满足突发公共卫生事件下的邮轮应急物资需求，如口罩、护目镜等应急物资作为邮轮船供物资中的一类，如何优化邮轮公共卫生应急物资布局，形成协同的应急物资储备体系，也是本书研究的一个关键问题。本书基于邮轮应急物资布局，构建了协同选址—配置双目标规划模型，并对邮轮应急物资协同布局策略进行分析。

第五节　研究创新之处

本书的创新和贡献，主要体现在以下两方面。

（1）研究视角不同。既有文献大多从单一视角对邮轮船供物资供应链进行研究，本书从系统视角出发，界定了邮轮船供物资供应链系统存在的问题，探究其优化的模型和方法，为邮轮运营过程中的决策提供科学依据。

（2）研究方法不同。本书结合邮轮船供物资供应链的特征，运用最优化方法构建了适合邮轮船供物资配送、采购、库存、布局等不同场景的数学模型，运用贝叶斯信息更新、动态规划等理论，设计 Benders 分解算法和 CPLEX studio 的"两阶段"法、改进烟花算法和粒子群优化算法等智能群体算法求解适用于邮轮船供物资供应链不同环节的优化问题。

第二章 相关理论基础及文献综述

基础理论研究是邮轮船供物资供应链优化研究的起点，本章首先，明确了邮轮船供物资供应链中涉及的相关概念，并分析邮轮船供物流分类和邮轮船供物资供应链的特点，介绍了邮轮船供物资的物流配送模式、采购模式及相关优化理论；其次，对邮轮船供、选址和配送联合决策、联合订购、多源多阶段采购、物流服务供应商选择、邮轮应急供应链等相关中外文文献进行梳理，并做简要述评，可为后续研究提供理论支撑。

第一节 相关理论基础

一、邮轮船供物资

邮轮不是普通的货轮和客轮，作为邮轮旅游的交通工具，是一个可以兼具普通客货轮属性的海上旅馆、度假胜地，能为游客提供诸如，餐饮、住宿、娱乐等各式各样的服务。邮轮犹如一座海上移动度假村，具备旅游目的地属性以及多目的地型度假平台等特点。邮轮旅游以邮轮作为运作平台，以航线和节点（港口）为运行支撑，主要收益源于销售海陆结合的旅游产品以及为游客提供高品位的船上服务。邮轮产业链长，包括上游产业、中游产业、下游产业。其中，上游产业主要涉及研究所、船厂的相关产业，包括设计研发及零部件供应链管理等；中游产业涉及邮轮公司的相关活动，包括航线设计及邮轮运营管理等，下游产业主要涉及港口码头的相关活动，包括港口服务及邮轮船供等多种配套服务，邮轮产业链，如图 2 - 1 所示。邮轮船供作为邮轮产业链下游的重要一环，是邮轮旅游市场发展的重要基础，是国际邮轮母港区别于国际邮轮访问港、国际邮轮始发港的重要特征,直接影响邮轮航线的规划和设定。邮轮船供经济,不仅对推动港口繁荣、旅游和航运发展起到重要作用,而且,对当地经济有巨大的拉动作用。2016 年,美国母港旅客吞吐量达 1150 万人次,邮轮船供市场规模近 140 亿美元(包括邮轮船供物资和服务)。①

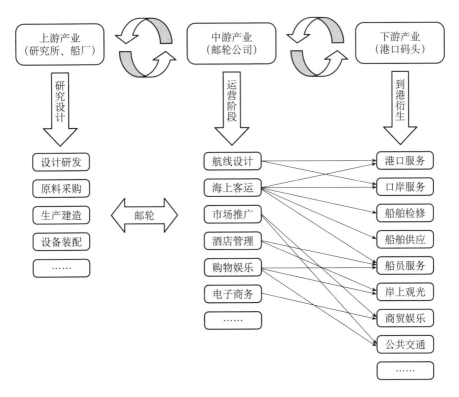

图 2 - 1　邮轮产业链

资料来源:笔者根据中国产业信息网的相关资料整理绘制而得。

邮轮船供物资,可分为广义的邮轮船供物资和狭义的邮轮船供物资。广义的邮轮船供物资是指,邮轮公司满足消费者需求的燃料、消耗品、物料备件和免税品等。广义的邮轮船供物资分类,如表 2 - 1 所示。狭义

———————

① 国际邮轮协会. 2017 年美国邮轮经济贡献研究报告 [EB/OL]. https://cruising. org/en/news-and-research/research/2017/december/contribution-of-cruise-tourism-to-the-economies-of-europe-2017.

的邮轮船供物资是指，供邮轮船员、旅客在航行中使用和消耗的食物、生活用品等。具体来看，邮轮船供物资除船舶航行中旅客和邮轮船员生活所需的食品供应，如，新鲜果蔬、肉制品、淡水等，还涉及船上酒店所需的洗漱用品、床单等生活必需品。

表 2 - 1　　　　　　　　　广义的邮轮船供物资分类

种类	船供物资
燃料	汽油、柴油、燃料油、润滑油等
消耗品	食品、生活用品、办公用品等
物料备件	船用工具、船舶备件、设备、垫舱料等
免税品	烟、酒、奢侈品等免税品

资料来源：笔者根据富扬（上海）邮轮船供有限公司网站，https：//www.fmlsy.com/的相关资料整理而得。

维罗纳和罗伊（Véronneau and Roy，2009）指出，邮轮船供物资按供应商类别主要分为六类：酒店、食品和饮料（F&B）、企业、技术、燃料和运输服务。酒店供应商主要提供邮轮上旅客消费或使用的产品，如，床垫、床单和洗发水。食品和饮料（F&B）供应商提供邮轮上所需的食品和饮料，从农产品、肉类到酒、饮料。企业供应商提供日常办公所需的产品，如，电脑和文具。技术供应商为发动机、甲板机械、导航设备和日常用品（如，垃圾桶和地毯）提供特殊的部件。服务提供商主要是运输公司及一些物流公司，运输公司包括公路、海运、航空等各种运输方式的运输公司及全球整合商，或者一些提供经纪服务的专业公司。燃料供应商负责为邮轮提供燃料，这是邮轮公司的一项主要开支。市场结构和产业特征使得邮轮公司和供应商之间的关系性质因供应商的类型而有很大不同，比如，燃料供应多数属于寡头垄断，发动机零件等高度专业化的邮轮备件需要独家采购。除了上述邮轮船供物资外，为了满足突发公共卫生事件，如，邮轮公司会按照海关要求，配置相关的应急物资，如口罩、护目镜等防护物品。邮轮船供食品是指，国际航行船舶上船员或乘客食用或饮用的成品和原料，邮轮船供食品分类，如表2 - 2所示。

表 2 - 2 邮轮船供食品分类

大类	小类
粮油	米、面、油、面粉、谷物、面包等
蔬菜	新鲜及冷冻蔬菜、加工（罐头）等
水果	新鲜及冷冻水果、加工（罐头）等
肉类	猪肉、牛肉、羊肉、肉禽类、其他肉类
水产	生冷水产、加工水产等
饮料	水、软饮料、果汁、酒等
奶制品	酸奶、鲜奶、冰淇淋、黄油、芝士、奶油等其他奶制品
杂类	点心类（咖啡、茶等），调料类（香辛料、酱、蜂蜜、调味料等），干货类（豆子、坚果、干菌菇等），零食类（糖果、薯片、膨化食品等），蛋类

资料来源：笔者根据富扬（上海）邮轮船供有限公司网站，https：//www.fmlsy.com/的相关资料整理而得。

例如，一艘国际豪华邮轮的食物消耗量，如表 2 - 3 所示。从表中可以看出，一艘邮轮有着惊人的日常消耗，伴随邮轮船舶向大型化趋势发展，邮轮船供物资消耗量将更大。邮轮船供食品作为邮轮产业链中的重要一环，相比其他邮轮船供物资，船供食品具有品类多、需求量大等特点，对品质和作业时效要求高，采购渠道分为本地采购与境外采购。因此，邮轮船供食品物流相比一般物资的物流更为复杂，对其系统中关键环节进行优化具有重要意义。

表 2 - 3 一艘国际豪华邮轮的食物消耗量

食物	消耗量	食物	消耗量
鸡肉	4500 公斤	鸡蛋	71000 个
培根熏肉	2500 公斤	冰淇淋	3500 升
苏打水	12000 升	饮用水	20000 瓶

注：表中为一艘载有 2700 人的国际豪华邮轮一个航次（7 天 6 夜）的部分食品消耗量。

资料来源：海事服务网（CNSS）. 邮轮下游产业链：8. 邮轮船供 [EB/OL]. https：//www.cnss. com. cn/html/ylsc/20190116/321954. html.

为了满足邮轮上来自世界各地的旅客多元化的消费需求，邮轮需要从不同国家采购不同风味的食物，让旅客享受五星级酒店的待遇，这也是国际邮轮符合五星级酒店式的高标准，提供一流服务的需要。现有船舶吨位高于 10 万总吨位，可搭载 2500 位旅客与船员的邮轮超过 60 艘，其中，不乏可乘载 8800 位旅客及船员的巨型邮轮，如目前世界上最大的邮轮"海洋交响号"，堪称一座海上城市，有18层甲板，22个餐厅，24个泳池，2759间客房以及其他娱乐设施。未来十年，市场将持续投入40艘以上巨型邮轮，大型化的船舶尺寸与巨量的旅客及工作人员带来巨大的邮轮船供物资需求。具体而言，邮轮船供物资具有以下三个特点：

（1）邮轮船供物资涉及食材、日常消耗品、物料备件等，数量庞大；

（2）邮轮的可移动性、航线的经常调整，带来科学管理需求；

（3）标准统一化、采购集约化、产品高端化和差异化、供应体系稳定性、食品安全。

二、邮轮船供物资供应链

（一）邮轮船供物资供应链内涵、类别和特点

结合供应链的内涵和邮轮船供物资的分类和供应模式，本书定义的邮轮船供物资供应链是指，在邮轮运营过程中，围绕邮轮企业，涉及将邮轮所需的船供物资提供给邮轮乘客的上游企业与下游企业（如，生产商、船舶供应商、邮轮船供物流服务商等）所形成的网络结构，即将邮轮船供物资从生产商送到邮轮的整个链条。邮轮船供物资供应链包含了邮轮船供物资物流、信息流、资金流。邮轮因其具有移动性和旅游属性，相比一般供应链而言，邮轮船供物资供应链系统更为复杂。其中，邮轮船供物资物流可按不同性质分类如下。

1. 按邮轮船供物资物流作用划分

按邮轮船供物资物流作用，可将邮轮船供物资物流分为邮轮船供物资销售物流、邮轮船供物资废弃物流和邮轮船供物资回收物流三类。邮轮船供物资物流分类，如图2－2所示。

（1）邮轮船供物资销售物流

邮轮船供物资涉及大量酒店用品（如，牙刷、牙膏等洗漱用品）、食品（如，蔬菜、水果、肉禽类等）、物料燃油等。邮轮船供物资销售物流是指，在邮轮运营过程中所需的这类船供物资，经过储存、运输、装卸搬运、配送、销售等一系列物流活动，从厂家及供应商到邮轮，最终到达邮轮消费者的流动过程。

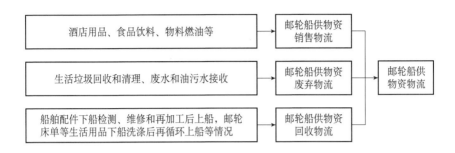

图 2 - 2　邮轮船供物资物流分类

资料来源：笔者绘制。

（2）邮轮船供物资废弃物流

随着邮轮船舶的大型化，邮轮上产生的船舶废弃物数量也是相当巨大的。以载客量达 4180 人的"海洋量子号"大型邮轮为例，其排水量达 16.7 万吨，船员近 1600 名，这么多人的正常饮食起居，每天产生的废弃物，可能比一个小区还要多。[①] 按照《国际防止船舶造成污染公约》（*International Convention for the Prevention of Pollution from Ships*，MARPOL）附则 V2016 年修正案中，邮轮废弃物涉及食品废弃物、塑料、生活废弃物及食用油等。[②] 邮轮船供物资废弃物流是指，在邮轮运营过程中，将失去原有使用价值的船上物品，根据实际需要，对其经收集、分类、加工、包装、搬运、储存等环节后，待邮轮船只靠港后，将废弃物分别送到指定处理的场所而形成的物流活动。有关资料显示，一艘载客量 3000 人的邮轮，在典型的一周航程中会产生 100 万加仑灰水，21 万加仑污水，2.5 万加仑含油污水，超过 100 加仑的危险废物或有毒废物，50 万吨垃圾和固体废物。[③]

---

① 环境问题观察. 看了海上邮轮的垃圾分类，感觉上海的垃圾分类太简单了！［EB/OL］. https：//www. huanbao-world. com/a/gufeichuli/124559. html.

② 中华人民共和国海事局. 中华人民共和国海事局关于执行《国际防止船舶造成污染公约》附则 V 2016 年修正案的通知［EB/OL］. https：//www. msa. gov. cn/page/article. do？ articleId = EC852DB8-0C52-4304-BA4F-2D73DEA1EEF8&channelId = 8CC0AFA9-D107-4890-9A70-6F1090800B13.

③ 资料来源：镇璐，吕文雅，诸葛单，王帅安. 面向绿色航运的邮轮废弃物排放随机优化［J］. 系统工程与实践，2021，42（2）：345 - 357.

对于邮轮废弃物处理，一般有回收利用、填埋和焚化三种方式。所有的废弃物都需要干湿分离。邮轮船供物资消耗巨大，厨余垃圾很多，都要分别处理。固体废弃物一般不会直接扔进海中，而是到港口集中处理。废水都会经过污水回收系统进行处理后排入大海，而船舶油污水以石油类为主要污染物，排入港池前需要进行处理。

（3）邮轮船供物资回收物流

邮轮船舶配件下船检测、维修和再加工后上船，邮轮床单等生活用品下船洗涤后再循环上船等情况。邮轮船供物资回收物流是指，将船上旅客和船员的需周转使用的生活用品、船舶备件等，经过回收分拣、储存、处理后返回供应方或修理方所形成的回收物品实体流动。邮轮船供物资回收物流，将可循环利用的船供物资经收集、分类、加工、供应等环节重新投入使用，不仅能为邮轮公司带来经济效益，而且，对节约自然资源和保护环境有重要的影响。

2. 按运输温度要求划分

按邮轮船供物资运输温度要求，邮轮船供物资物流可分为冷链物流和普通物流。

在邮轮船供物资中，涉及大量冷藏冷冻类食品，如，新鲜果蔬类、肉禽类、速冻食品类等，这类食品有保鲜需求，对可追溯性、运输过程、储藏以及冷链管理能力都有严格的要求。邮轮船供物资冷链物流是指，在邮轮运营中，船上旅客和船员生活所需的冷藏冷冻类的船供物资，在生产、贮藏运输及销售到消费前的每一个物流环节中，始终处于规定的低温环境下，以有效地保证这类邮轮船供物资的质量，减少物资损耗的一项系统工程。而邮轮船供物资普通物流，不像邮轮船供物资冷链物流主要针对冷藏、冷冻类物资，对运输温度有一定要求，普通物流适用于对温度没有特殊要求的邮轮船供物资。

3. 按船供流向划分

在邮轮供应链全球化的背景下，邮轮船供涉及来自世界各地的物资，按船供物资在不同国家之间的流向，可将邮轮船供物资物流分为进口物流和出口物流。邮轮船供物资进口物流是指，服务于一国邮轮港口进行船供物资补给时进口的国际物流；邮轮船供物资出口物流是指，服务于一国邮轮港口进行船供物资补给时出口的国际物流。每个国家的政策环境都有差异，尤其是在海关管理制度上，进口物流与出口物流相比，国际物流业务环节不但存在交叉，而且，业务环节也有所区别，需要正确区分和对待。

邮轮船供物资供应链的特点主要包括以下四个方面。

（1）采购全球性

邮轮在海上旅行，具有流动性，邮轮集团的采购部门需要具备全球性的采购能力。在邮轮全球化运营趋势下，邮轮船供物资物流面临诸多挑战，主要受两点影响：一是供应不平衡性，邮轮一般为跨境游，受船供物资采购地经济、卫生、习惯等因素影响，船供物资质量差异化较大；二是需求差异性，邮轮上的旅客来自世界各地，具有不同生活习惯、饮食习惯，需求具有多元化、多样化。

（2）补给点变动性

邮轮航线区别于传统客运航线，尽管邮轮公司的航线设定有主要地理区域，但特定的季节会改变航线，或依据市场需求重新调整航线，使邮轮航线中起始港或靠泊港等端点不固定。因此，邮轮公司的补给港口处于动态变化中。

（3）补给时效性

维罗纳和罗伊（2009）将邮轮在港口基于平均时间观察的典型周转日的货物流量汇总整理。典型的港口周转日，如图 2 - 3 所示。从图中可以看出，邮轮从抵达母港到离开母港的靠泊时间一般约为 10 小时，在这段时间内，邮轮需要完成物资补给、旅客船员上下、行李装卸载等活动，邮轮在停靠港的装载顺序是严格而高效的，特别是船供物资的补给时间，有一个短时间窗要求，通常只有约 4 小时，短时间内供应量巨大。同时，在邮轮船供物资中涉及大量冷鲜食物，这类物资对配送时效性有较高要求。

周转日装载顺序											
时间	7:00AM	8:00AM	9:00AM	10:00AM	11:00AM	12:00AM	1:00PM	2:00PM	3:00PM	4:00PM	5:00PM
事件	到达	下船				上船					离开
固体卸载											
行李	■	■									
废物和回收	■	■	■								
旅客											
登陆（游客）	■	■	■	■							
下船（船员）	■	■									
上船（新船员）				■							
登船（新游客）						■	■	■	■	■	
液体装载											
饮用水		■	■	■	■	■	■	■			
燃油			■	■	■	■	■				
固体装载											
补给品			■	■	■	■	■	■			
行李				■	■	■	■				

图 2 - 3　典型的港口周转日

资料来源：Véronneau S., Roy J. Global service supply chain: An empirical study of current practices and challenges of a cruise line corporation [J]. Tourism Management, 2009, 30 (1): 129 - 139.

（4）不可弥补性

邮轮被称为移动的酒店，但是，本质上却与传统陆上酒店有所区别，邮轮船供具有一次性、不可弥补性的特点。邮轮一旦离开补给港，在返港前再进行补给的成本是巨大的。虽然邮轮供应链规划流程中有总载货时间表（master loading schedule，MLS）作为主要的调节工具，决定装卸货的频率以及港口。但是，邮轮船供物资需求的不确定性，对供应链管理来说，准确估计是一个难题，因此，一般采取弹性供给方式。另外，游客、行李及设施等的数量限制了邮轮储藏舱室仓容，致使弹性供给空间受限。

（5）复杂性

邮轮船供物资供应链系统是一个具有高度协调性和复杂性的供应链系统，和普通货轮相比，具有供应量大、集中供应、全球采购与集约化配送等特点。邮轮供应链管理可分为人道主义/救急供应链（邮轮医院）

和旅游供应链。从采购流来看，邮轮船供物资供应链分为燃料采购、企业采购、技术采购和酒店采购。从流向来看，邮轮船供物资供应链可分为正向供应、逆向供应和循环供应三类。从船供物资种类来看，邮轮船供物资供应链可分为传统供应链和特殊供应链，特殊供应链如冷链供应链和药物供应链。

（二）邮轮船供主要模式

按采购渠道，邮轮船供可分为国内船供（国内采购，港口供货）、转口船供（国外采购，装在集装箱内）、离岸船供（全球采购，港口供货）。目前，国际邮轮船供一般采用"全球集中采购，全球分散配送"的国际货柜转运模式。一是从邮轮功能来看，邮轮上既有酒店提供餐饮服务，也有娱乐设施提供休闲服务，还有旅游目的地属性，其物料、食材、备件等方面的补给量相当巨大。同时，邮轮具有灵活的可移动性，其航线会随着邮轮公司的战略调整而变化，这是其与陆地酒店的根本不同之处。因此，设立相对固定的全球邮轮船供物资配送中心对国际邮轮公司来说是十分必要的，如，全球最大邮轮物资配送中心设立在美国迈阿密港。二是国际邮轮船供物资的标准统一化，便于国际邮轮公司在物资比价、成本核算、库存信息等方面实行统一管理，从而实现标准化管理，提升邮轮船供物资供应链管理效率。三是出于成本控制考虑，国际邮轮公司需要在全球选择质优价廉的商品，并凭借其庞大的邮轮船队通过集中采购获得更强的议价权，即使加上运输成本支出，甚至会比从邮轮停靠港的当地市场采购还要便宜，原因在于，有时当地采购需要缴纳较高的税额。四是部分船供物资在邮轮停靠母港难以获得，或是当地的质量标准难以达到邮轮的高标准要求，而这些物资又属于邮轮必需物资，可以体现邮轮差异化特色服务的物资，如，美国牛肉、火鸡等，或是邮轮维修保养配件、邮轮酒店用品等。五是出于邮轮船供稳定性考虑，供应链管理能力具有重要的影响作用。目前，国际邮轮船供的运输方式一般为海运，本地采用厢式货车运输，紧急物资采用航空运输等。在选择合作船舶供应商后，为保障物资稳定供应需要建立相对稳定的供应体系，往往需要和供应商保持战略合作伙伴关系，可以获得更高的优惠价格。六是出于食品安全考虑，国际邮轮公司对食品安全的要求较高，在全球采购过程中可以进行食品认证对比，从而选择食品安全性高的供应商。

随着邮轮船舶向大型化趋势发展，随之而来的是更加庞大的船供物资消耗量。而如此庞大的物资需求量，大部分补给都会在邮轮母港进行。目前，在中国邮轮母港，国际邮轮船供物资的物流模式主要有三种：第一种是境外采购，保税仓库；第二种是境外采购，转口贸易；第三种是本地采购，出口贸易。其中，第一种模式和第二种模式极为相似，属于进口邮轮物资供应，其在中国邮轮母港供应的缺点是通关流程复杂、手续烦琐，会增加邮轮公司报关成本。同时，保税仓库面临严格的检验检疫程序，对于进口肉类、生鲜易腐等食品的检验检疫流程需要30~45天，不能保障新鲜度和时间要求，增加了邮轮公司的物流成本和时间成本。邮轮船供物资的特性使其保存条件有所区别，采购渠道也会迥然不同。从食品卫生角度来看，肉类是对来源和储存环境有最高要求的一类船供物资，应按需从世界各地采购不同种类的品种。而应季果蔬需要保持新鲜，经不起跨洋运输，则会直接在邮轮母港和中途挂靠港进行补给。另外，如，蛋奶和面粉这类船供物资，其质量高低直接影响船上人员早餐和主食的口感和营养，同时，出于新鲜考量，邮轮公司也会就近取材，从境内本地采购。邮轮船供物资从供应渠道可分为境外和境内，供应模式如下。

1. 境外邮轮船供物资供应模式

境外邮轮船供物资保税仓库供应模式，是邮轮公司通过总部采购中心在全球范围内招标采购船供物资，在总部所在地码头将要在中国港口进行供应的物资进行分拨、装箱后，以海运集装箱形式运输至中国码头，经报关后存入保税仓库，然后，根据邮轮公司靠港计划，向海关船供系统申报后供船。转口贸易模式，则与保税仓库供应模式极为相似，其区别是不需要向船供系统二次申报，境外邮轮船供物资以保税仓库模式供应，如图2-4所示。

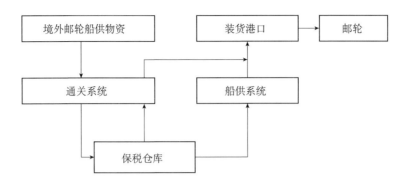

图 2 - 4　境外邮轮船供物资以保税仓库模式供应

资料来源：笔者绘制。

2. 境内邮轮船供物资供应模式

境内邮轮船供物资，是邮轮公司向有船供资质的国内供应商招标采购船供物资，享受出口退税，以一般贸易方式向海关申报后，从供应商配送中心运输到保税港区仓库，然后，根据邮轮公司到港计划，办理报关手续后提取货物，供应所需邮轮，境内邮轮船供物资以出口贸易模式供应，如图 2 -5 所示。

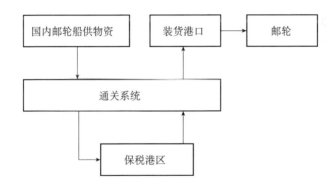

图 2 -5　境内邮轮船供物资以出口贸易模式供应

资料来源：笔者绘制。

邮轮船供物资的本地采购配送模式，以邮轮公司为核心，有两种情况：一种是由船舶供应商的配送中心，直接将邮轮船供物资配送到邮轮；

另一种是先由船舶供应商将物资配送到邮轮船供物资配送中心,然后,由邮轮船供物资配送中心统一集配到所需邮轮,邮轮船供物资供应链模型,如图2-6所示。第一种是邮轮船供物资船舶供应商根据邮轮公司的订购需求计划,直接按需配送给邮轮。第二种比第一种增加了邮轮船供物资配送中心,可以整合多个船舶供应商的配送流程,集中储存各采购板块的船供物资,通过集中检验、系统接受、拼装等,系统运输至装货港口,可以提高港口处理效率,避免不同供应商直接配送至港口所带来的装货港口拥挤现象。

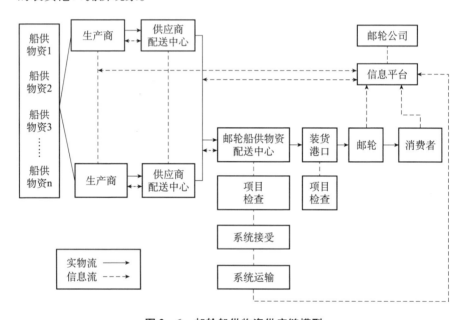

图 2 - 6   邮轮船供物资供应链模型

资料来源:笔者根据 Véronneau S., Roy J. RFID benefits, costs, and possibilities:The economical analysis of RFID deployment in a cruise corporation global service supply chain, International Journal of Production Economics, 2009 (122):692 - 702 的相关资料整理绘制而得。

三、邮轮船供物资供应链系统

在邮轮供应链的短期战略中,为确保在全球范围内邮轮船舶的持续补给,在一个有限而紧凑的时间表内订单能完成,以主载货时间表(master loading schedule, MLS)作为主要的调节工具,决定装卸货的频率以及港口;

船供物料清单（bill of materials，BOM）从食谱、历史采购资料中获得。在营运层面，将物料清单（BOM）输入存货控制与预测系统，在确认订单的条件下决定存货水平。邮轮旅游的住房率基本上可达100%，因此，实际上邮轮船供物资需求受消费模式影响而产生较大的变化；最后，采购订单及运输时间表，按实际存货消耗与现场情况做调整。邮轮供应链规划流程，如图2-7所示。

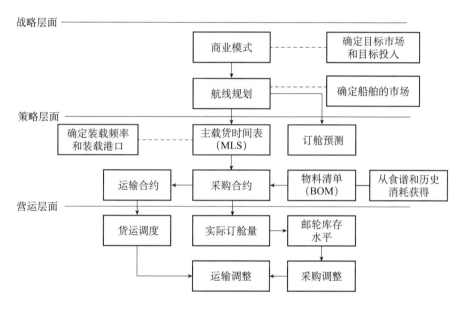

图2-7　邮轮供应链规划流程

资料来源：笔者根据 Véronneau S., Roy J. Global service supply chain: An empirical study of current practices and challenges of a cruise line corporation［J］. Tourism Management，2009，30（1）：129-139 的相关资料整理绘制而得。

邮轮船供物资供应链需要高效率、稳定且协调良好的物流关系，规划并整合每个环节的实体流和信息流，才能克服诸多挑战，如，动态市场配置、信息整合、降低损耗等。为了确保邮轮船供物资补给的流畅与持续稳定，邮轮公司的标准作业程序及明确的目标变得更加重要，时效性更为关键。根据邮轮船供物资供应链的特点和中国邮轮船供发展存在的问题，中国邮轮船供物资供应链系统优化的目标是：依托一定的物流设备、物流信息平台和技术，有效地整合邮轮船供上下游资源，优化邮轮船供物资配送过程，科学规划邮轮船供物资配送中心，合理管理邮轮船供物资仓储，科学优化运输与配送，建立安全、快捷、高效、通畅的邮轮船供物资供应链系统，有效地降低船供物资配送成本，提高船供效率。

邮轮船供物资供应链系统是一个极其复杂的系统工程，在系统中，生产商、船舶供应商、邮轮公司、物流运输公司、配送中心（仓库）及邮轮港口等物流节点和物流网络之间的关系密不可分，而邮轮船供物资供应链系统优化的核心，是提升系统中各个环节的运作效率和协同程度。对邮轮船供物资供应链系统进行优化，有利于提升邮轮船供核心竞争力、推动邮轮船供经济的健康发展、促进邮轮产业结构升级。

四、最优化方法

优化是从处理各种事物的一切可能的方案中，寻求最优方案。优化原理与优化方法，在科学的、工程的和社会的实际问题中的应用，便是优化问题。优化一词来自英文 optimization，其本意是寻优的过程；优化过程，是寻找约束空间下给定函数取极大值（以 max 表示）或取极小值（以 min 表示）的过程。优化方法也称数学规划，是用科学方法进行决策及确定最优解的方案。

最优化方法的主要研究对象是各种组织系统的管理问题及其生产经营活动，最优化方法的目的在于针对所研究的系统，求得一个合理运用人力、物力和财力的最佳方案，发挥并提高系统的效能及效益，最终达到系统的最优目标。实践表明，随着科学技术的日益进步和生产经营的日益发展，最优化方法已成为现代管理科学的重要理论基础和不可缺少的方法，被人们广泛地应用到公共管理、经济管理、工程建设、国防等各个领域，发挥着越来越重要的作用。从数学意义上说，最优化方法是一种求极值的方法，即在一组约束为等式或不等式的条件下，使系统的目标函数达到极值，即最大值或最小值。从经济意义上说，是在一定的人力、物力和财力资源条件下，使经济效益达到最大（如，产值、利润），或者在完成规定的生产任务或经济任务下，使投入的人力、物力和财力等资源最少。

最优化理论与方法作为一个重要的数学分支，研究在众多方案中如何找到最优、最好的方案。科学技术与生产技术迅速发展，尤其是电子计算机日益广泛应用，使最优化问题的研究不仅成为一种迫切需要，而且有了求解的有力工具。因此，最优化理论和方法迅速发展，形成一个新的学科。最优化理论与方法，狭义的主要是指，非线性规划的相关内容，而广义的则指，涵盖连续优化和离散优化，其中，连续优化包括线性规划、非线性规划、全局优化、锥优化等；离散优化包括，网络优化、组合优化等。近年来，智能优化发展迅速。最优化问题可以分为四类：无约束条件和有约束条件；确定性和随机性最优问题（变量是否确定）；线性优化与非线性优化（目标函数和约束条件是否线性）；静态规划和动态规划（解是否随时间变化）。下面，重点介绍动态规划和二层规划，为后面章节的应用做理论支撑。

（一）动态规划

动态规划，是一种用来解决多阶段决策过程最优化的方法，属于运筹学的一个重要分支。美国学者贝尔曼（Bellman）于 20 世纪 50 年代初在深入研究多阶段决策过程的优化问题时，率先提出了最优化原理。许多学者将动态规划方法应用于生产决策、最优控制决策、最短路径、设备更新等多阶段问题。动态规划是一种数学思想，用于分阶段解决决策问题，往往从初始状态开始，最后，通过中间阶段决策的选择达到结束状态。在决策过程中，形成一个决策序列。同时，确定最优的活动路线来完成整个过程。动态规划决策过程示意，如图 2 - 8 所示。

初始状态　⟶　│ 决策1 │　⟶　│ 决策2 │　⟶　……　⟶　│ 决策n │　⟶　结束状态

图 2 - 8　动态规划决策过程示意

资料来源：滕宇，梁方楚. 动态规划原理及应用［M］. 成都：西南交通大学出版社，2011.

动态规划在求解多决策问题时分为以下四个步骤。

1. 阶段划分：按问题的特征，把问题分为若干阶段，划分后的阶段一定是有序的或者可排序的。

2. 确定状态和状态变量：将问题发展到各个阶段时，所处的各种不同客观情况表现出来。状态的选择要满足无后续性。

3. 确定决策，写出状态转移方程：状态转移是根据上一阶段的状态和决策导出本阶段的状态，根据两个阶段状态之间的联系来确定决策方法和状态转移方程。

4. 寻找边界条件：状态转移方程是一个递推式，需要找到递推终止的条件。

通常来说，一旦明确了处理问题和解决问题的阶段、状态和状态转移决策，就可以写出状态转移计算方程式。运用动态规划计算求解问题时，最关键的是明确问题的阶段、每一个阶段的状态、从前一个阶段转化处理到后一个阶段之间的递推相互关系三个动态规划要素。

（二）二次规划

二次规划（quadratic programming，QP），在运筹学中是一种独特类型的最优化问题，是最简单的约束非线性规划问题，并且，是一种最普遍的多层规划问题。国内外学者最早将二次规划的分析研究应用在经济问题上，如，资源分配、价格操作控制等。布拉肯和麦吉尔（Bracken and McGill，1973）最早提出了双层规划数学模型。坎德勒和诺顿（Candler and Norton，1977）提出双层规划和多层规划。20 世纪 80 年代，二次规划越来越多地被推广并使用于数学规划行业领域。除了应用于经济领域，也逐渐应用于管理、交通、工程设计等领域。

二次规划问题的数学规划模型，见式（2-1）。

$$\min f(x) = \frac{1}{2}x^T H x + g^T x, x \in R^n$$

$$\text{s. t. } a_i^T x - b_i = 0, i \in E = \{1, 2, \cdots, l\}$$

$$a_i^T x - b_i \geqslant 0, i \in I = \{l+1, \cdots, m\} \tag{2-1}$$

在式（2-1）中，$H \in R^{n \times n}$；a，g，$x \in R^n$；$b \in R^m$。

双层规划是一类具有双层阶梯结构的系统优化问题，有两种类型，即：（1）下层决策的最优解函数，归属于上层决策；（2）下层决策的最优目标值，反映在上层决策。其中，第二种类型实用性更强，原因在于，第二种类型极大限度地放宽了下层决策问题要提供唯一最优解的要求。

五、贝叶斯信息更新理论

（一）贝叶斯定理

贝叶斯定理，是 1763 年英国学者贝叶斯提出的一种重要概率论原理，源于其在英国国家学会哲学学报上发表的论文《机会论中关于解决问题的一篇文章》（*An Essay Towards Solving a Problem in the Doctrine of Chances*），文中提出合并参数先验分布和似然函数，从而可以得到参数的后验分布。贝叶斯定理是计算概率的一种途径，即提出一个事件会不会产生，由这个事件在先验分布中发生过的总数量决定，可以用以下等式来表示：

$$后验概率 = \frac{相似度 \times 先验概率}{标准化常量} \qquad (2-2)$$

换而言之，后验概率和先验概率与相似度的乘积，呈正比例关系。

假设 B_1，B_2，$\cdots$，B_n 是互不相容的事件，它们之和 $\bigcup_{j=1}^{n} B_j$ 包括事件 A，则贝叶斯定理公式，见式（2-3）。

$$P(B_i \mid A) = \frac{P(B_i)P(A \mid B_i)}{\sum_{j=1}^{n}} P(B_i)P(A \mid B_i) \qquad (2-3)$$

贝叶斯定理，实质上是先验概率向后验概率的转换。贝叶斯学派认为，在进行观察以获得样本之前，人们对 θ 也会有一些了解。因为是在试验观察之前，故将其称为先验知识。因此，贝叶斯派认为，应该把参数 θ 看作随机变化量，θ 的分布函数记为 H（θ），θ 的密度函数记为 h（θ），分别称为先验分布函数和先验密度函数，H（θ）和 h（θ）合称为先验分布。当参数 θ 的先验分布已知时，称在给定样本 x 下 θ 的条件分布为参数 θ 的后验分布。假定样本 x 的密度函数为 p（x$\mid$$\theta$），可知 θ 的后验分布函数的计算公式如式（2-4）所示。

$$\pi(A \mid x) = \frac{\int_{A} p(x \mid \theta) \, d\pi(\theta)}{\int_{\Theta} p(x \mid \theta) \, d\pi(\theta)} \qquad (2-4)$$

在式（2 -4）中，$A \in B_\Theta$。

后验分布可以看作获得样本 x 后对参数先验知识的调整。

（二）贝叶斯市场需求信息更新方法

在销售时段中，假设市场需求是随机变量 X，其期望为 M（随机变化量），因此，可知 $f_M(m)$ 是期望 M 的概率密度，可以反映销售者了解市场需求的程度，$f_M(m)$ 称为市场需求的先验概率密度函数。例如，销售者已经掌握市场需求的期望，接近某固定常数 m，则 M 在很大程度上是服从正态分布的，而且，市场实际需求是一个具备很小方差的非线性随机变量。对于 M 的概率分布，通常有正态分布、均匀分布、伽马分布等。

当市场需求的期望 M 被给定一个数值 m 时，则已知 $f_{X \mid M = m}(x)$ 是需求随机变量 X 的概率密度分布函数，X 的概率密度函数分布一般有正态分布、泊松分布、伽马分布等。

已知 M 的分布函数 $f_M(m)$ 与 X 的条件分布 $f_{X \mid M = m}(x)$，则可以计算 X 的先验概率密度函数，见式（2 -5）。

$$f(x) = \int_0^x f_{X \mid M = m}(x) \cdot f_M(m) dm \qquad (2 - 5)$$

在下一个销售阶段开始前销售者能收集到市场需求的信号，假设销售者观测到的市场信号是需求 X 的一种表现形式 $\hat{X} = \hat{x}$，则可利用观测到的新信号来对市场需求期望 M 的分布进行更新，见式（2 -6）。

$$f_{M \mid X = \hat{x}}(m) = \frac{f_{X \mid M = m} \cdot f_M(m)}{f(\hat{x})} \qquad (2 - 6)$$

为获得销售市场新的观测信号后更新得到的市场需求期望 M 的概率密度函数，可称其为后验概率密度函数，记为 $\hat{f}(m)$，然后，可利用其更新市场需求 X 的分布，见式（2 -7）。

$$\hat{f}(m) = \int_0^x f_{X \mid M = m}(x) \cdot \hat{f}(m) dm \qquad (2 - 7)$$

更新过程如上，可得到关于市场需求 X 的后验概率密度函数。

（三）常用的共轭先验分布

在贝叶斯定理中，选取先验分布是一个相当重要的问题，后验分布是统计推断的基础，而只有正确选取先验分布，才有真正的后验分布。拉斐和施莱弗（Raiff and Schlaifer，1961）提出先验分布的选择应该是共轭分布。在似然函数 $L(\theta)=p(x\mid\theta)$ 中，θ 决定了共轭先验分布的选取，即先验分布是通过选取与似然函数（θ 的函数）具有相同核的分布得到的。如果可以实现这一想法，那么，产生了共轭先验分布。共轭先验分布因其具有计算方便、后验分布的一些参数可得到很好解释等优点，在一些实际场景中，被很多学者采用。常用的共轭先验分布，如表 2-4 所示。

表 2-4　　　　　　　　　　　　常用的共轭先验分布

总体分布	参数	共轭先验分布
二项分布	成功概率	贝塔分布
泊松分布	均值	伽马分布
指数分布	均值的倒数	伽马分布
正态分布（方差已知）	均值	正态分布
正态分布（均值已知）	方差	倒伽马分布

资料来源：笔者根据［英］加里·库普著. 贝叶斯计量经济学［M］. 徐茜东译，大连：东北财经大学出版社，2020 的相关资料整理而得。

（四）市场观测信号处理

市场观测信号是当一个销售时段结束后，销售者根据观测到该时段的市场需求，搜集市场需求相关信息而获得的数据信息。根据既有研究文献，市场观测信号可分为两种：第一种是离散信息，此时，市场需求是服从某一种类型的离散分布，收集到的市场需求信息是对应此概率分布下的离散值。如米尔滕伯格和朋（Miltenburg and Pong，2007）研究了具有两次订货机会的不确定型产品的订购问题，在两次订货之间，观测到的需求信息在贝叶斯估计过程中用来更新需求预测，其中，观测的需求信息是按离散型进行处理的。森和张（Sen and Zhang，2009）研究了一类易逝品需求信息更新下的定价决策问题，其中，假设参数服从泊松分布，需求函数服从连续分布函数，而观测到的需求信息是离散的。第二种是连续型信息，此时，市场需求服从某一种类型的连续分布，收集到的市场需求信息不是确定概率的离散值，如，正态分布。张翠华和王淑玲（2008）在需求分布服从正态分布的情形下，研究了供应链管理协调问题。刘等（Liu et al. , 2006）研究了两阶段订货策略，其中，假设需求分布服从正态分布。

在现实市场环境中，销售数据和客户需求并不等价。当客户需求的产品缺货的情况下，客户的需求不能被完全满足，此时的销售信息只能显示当前的库存，而部分客户需求被忽略，缺货的数据信息丢失，则收集到的市场需求信号为不完全信息。宋等（Song et al. , 2011）分析了信息更新对运营管理的影响，并比较了无信息更新、部分信息更新和完全信息更新所产生的价值，认为只有通过信息特征的详细描述（完整或不完整）才能获得更多附加价值。丁（Ding, 2019）讨论了不完全信息下零售商的生产决策和购买决策的变化。

（五）指数伽马分布下贝叶斯信息更新理论

在实际情况下，对信息更新的需求往往是多次的，在更新过程中涉及需求信息删失（DIC）的情形，会加大计算难度，为了解决此问题，可采用前面所述的共轭分布族方法简化计算过程。本书将在第 6 章考虑时间线的邮轮船供物资多阶段补给问题中考虑不完全信息更新情形，假设市场需求是服从指数伽马分布的报童分布族。也就是说，市场需求 x 是符合报童分布族的，那么，市场需求的累积分布函数可定义如式（2-8）所示。

$$\Psi(x|\omega) = 1 - e^{-\omega d(x)} \qquad (2-8)$$

在式（2-8）中，d(x) 可微分，是一个整数，并且，是一个增函数。

如果令 d(x) = x^k，（k > 0），那么，可以把上面的累积分布称为韦伯分布。而伽马分布，是全部报童分布族下的共轭先验分布，则概率分布函数可由累积分布函数求导得出，见式（2-9）。

$$\psi(x|\omega) = \omega d'(x) e^{-\omega d(x)} \qquad (2-9)$$

先验伽马分布可表示为式（2-10）。

$$g(\omega|a, S) = \frac{\omega^{a-1} e^{-a/S}}{S^a \Gamma(a)} \qquad (2-10)$$

无条件分布可表示为式（2-11）。

$$\varphi(x \mid a,S) = \int_0^\infty \psi(x \mid \omega)g(\omega \mid a,S) = \frac{aSd'(x)}{[S + d(x)]^{a+1}} \quad (2-11)$$

由上可知，在指数伽马分布下，可以将贝叶斯信息更新理论分为完全信息更新理论和不完全信息更新理论两种情形，见式（2-12）和式（2-13）。

（1）完全信息更新理论

$$\pi(\omega \mid \tilde{e}) = \frac{\varphi(\tilde{e} \mid \omega)g(\omega \mid a,S)}{\int_\Theta \varphi(\tilde{e} \mid \omega)g(\omega \mid a,S)d\omega} = g(\omega \mid a+1, S+\tilde{e})$$

$$(2-12)$$

（2）不完全信息更新理论

$$\pi(\omega \mid q) = \frac{\int_q^\infty \varphi(x \mid \omega)dx\, g(\omega \mid a,S)}{\int_\Theta \left(\int_q^\infty \varphi(x \mid \omega)g(\omega \mid a,S)\right)d\omega} \quad (2-13)$$

在式（2-12）和式（2-13）中，$\tilde{e}$ 表示观测到的市场需求信号，q 表示订购量。如果 $\tilde{e} < q$，即表示供给大于需求，此时，观测到的市场需求信号是完全信息；如果 $\tilde{e} > q$，即表示供给小于需求，发生缺货，此时，观测到的市场需求信号是不完全信息，就要应用不完全信息更新理论。

潜在的市场需求参数是未知的，此时，对市场需求进行更新预测，通常会采用贝叶斯不完全信息更新理论，假如 $\hat{\pi}_{n+1}(\theta \mid s_n)$ 表示第 n 个阶段的后验概率密度函数，那么，它有可能由完全信息更新得到（$s_n = x_n < y_n$），也有可能由不完全信息更新得到（$s_n = y_n$），见式（2-14）。

$$\hat{\pi}_{n+1}(\theta \mid s_n) = \begin{cases} \pi_{n+1}(\theta \mid x_n), s_n < y_n \\ \pi_{n+1}^c(\theta \mid x_n), s_n = y_n \end{cases} \quad (2-14)$$

在式（2-14）中，$\pi_{n+1}(\theta \mid x_n) = \dfrac{f(x_n \mid \theta)\hat{\pi}_n(\theta)}{\int_\Theta f(x_n \mid \theta')\hat{\pi}_n(\theta')d\theta'}$

$$\pi_{n+1}^{c}(\theta \mid y_n) = \frac{\int_{y_n}^{\infty} f(x \mid \theta) dx \hat{\pi}_n(\theta)}{\int_{\Theta} \int_{y_n}^{\infty} f(x \mid \theta') \hat{\pi}_n(\theta') dx d\theta'}$$

在删失信息（DIC）情形下，贝叶斯信息更新不确定分布规律，因此，在求解上会有很大难度。为了进一步降低问题的求解难度，在研究中，我们假设市场需求服从指数分布，满足报童分布族，即 $x \sim e(\lambda)$，其中，λ 服从伽马分布，即 $\lambda \sim Gamma（\alpha, S）$。实际上，伽马分布是全部报童分布族的共轭先验分布，在此分布条件下，需求分布的条件函数，见式（2 – 15）、式（2 – 16）。

$$f(x \mid \lambda) = \lambda e^{-\lambda x} \tag{2 – 15}$$

$$g(\lambda \mid \alpha, S) = \frac{S^{\alpha} \lambda^{\alpha-1} e^{-S\lambda}}{\Gamma(\alpha)} \tag{2 – 16}$$

因此，需求分布的无条件概率分布函数，可表示为式（2 – 17）。

$$f(x) = \int_{\Theta} f(x \mid \lambda) g(\lambda \mid \alpha, S) d\lambda = \frac{\alpha S^{\alpha}}{(S + x)^{\alpha+1}} \tag{2 – 17}$$

在不确定信息更新条件下，伽马分布参数的变化，可分为下面两种：

（1）当 $x < Q$ 时，是完全信息更新；

$$Gamma(\alpha, S) \longrightarrow Gamma(\alpha + 1, S + 1)$$

（2）当 $x \geq Q$ 时，是不完全信息更新。

$$Gamma(\alpha, S) \longrightarrow Gamma(\alpha, S + 1)$$

第二节　相关中外文文献研究综述

一、关于邮轮船供的中外文文献

邮轮产业链是以邮轮为主要载体，与其相关联的物资和附加服务创造的复合型产业链条。目前，关于邮轮产业的研究，一部分文献主要聚焦在宏观产业分析层面，如，其经济特征及经济结构、与区域经济的相关性及市场营销等；另一部分文献则侧重于对微观问题的探讨，如，邮轮港口竞争力评价、母港规划、经营策略、邮轮制造、人才培养及通关政策等。总体来看，关于邮轮旅游产业的研究，虽然涵盖面较广，但是，都很宽泛，而关于邮轮运营方面的深入研究较少。邮轮船供是邮轮在港口停泊时进行的后勤补给服务，作为邮轮产业链下游的一环，会对其所在区域经济产生辐射效应，在很大程度上能拉动港口城市的资金流、物流和信息流。目前，中国的邮轮船供物资供应链，与北美洲及欧洲的软硬件设施有较大差距，且港口规模相差甚远。本节从邮轮物资供应和邮轮供应链管理与物流规划两个方面，梳理相关中外文文献。

（一）关于邮轮物资供应的研究

乔恩（Jone，1973）指出，船舶供应商提供的船舶补给物料主要包括，干货、食品、舱室用品、甲板用品、工具用品、保税物料、油料。胡顺利（2015）分析了邮轮旅游业对区域各行业的影响，就邮轮物资供给而言，每一艘次邮轮的食品消耗补给都是一个不小的数字。殷翔宇（2013）分析了邮轮物资配送的特点，如，数量大、价值高、时效性强等，提出需要建立专业化的邮轮物资配送中心，对邮轮物资进行集中采购、集中监管、集中配送和集中结算，才能避免邮轮物资供应市场被抢占。杨颖等（2016）分析了国际邮轮食品供应的重要作用，作为邮轮正常运营的最基本条件，为促进邮轮食品供应链的发展，应打破监管制度的束缚，设立自由贸易试验区，创新和探索检验检疫监管模式。

许家义（2011）指出，邮轮物资供应行业面临行业准入限制的政策门槛和市场井发不足的局限，导致邮轮船供物资在本地采购成本过高，通关流程较为烦琐，造成中国船供行业在邮轮船供市场所占比例极小，邮轮物资的供应行业发展受阻。朱彬娇和颜晨广（2015）分析了上海港邮轮供应现状及问题，指出食品安全、税收政策、监管机制导致上海港邮轮物资供应量占邮轮企业总供应量的比例不到10%。刘乐（2016）指出，上海港邮轮物资供应面临船供企业规模小、层次低，物流体系缺失、复合型人才缺乏等问题，并提出建设船供物流中心、优化邮轮物资供应公司服务，引进培养行业精英人才的解决途径。冯宪超（2017）分析了中国邮轮母港船供存在的问题，如，邮轮船供体系不完善、船供产业链效率低、船供区域经济拉动效应不明显。

（二）关于邮轮供应链管理与物流规划的研究

外文文献关于邮轮供应链的相关研究始于 20 世纪 90 年代，研究领域从宏观到微观，如，邮轮企业运营、邮轮公共配套服务研究等。维罗纳和罗伊（2009）分析了邮轮供应链规划流程，对邮轮公司的供应链管理问题及其挑战进行了全面研究，指出邮轮营运的重点是后勤补给，同时，对美国佛罗里达州一家大型全球邮轮公司的供应进行了实地研究，探讨解决全球邮轮供应链管理复杂性的方案，重点研究了邮轮供应链管理的关键特征及全球服务供应链管理的最佳方法。另外，每个国家或地区的法律政策不同，使船舶补给活动受限于边缘地理环境，邮轮公司需要在各靠泊港口雇用当地代理人，作为进入当地市场的向导。洛佩斯和普尔（López and Poole，1988）指出，国际物流供应链的有效运作需要高质量的港口服务，使海上货物在准时、质量、可靠性和价格方面满足最终消费者的期望。罗伊斯等（Lois et al.，2004）指出，必须采用整体和系统的方法确保邮轮安全，因此，邮轮物料需要通过一个集中的集散中心来检查质量和安全性，确保物料按预期到达船上。维罗纳和罗伊（2015）研究了邮轮供应链中的采购流，主要分为燃料采购、酒店采购、技术采购和企业采购。陈（Chen，2016）指出，如果可以提供全面的邮轮物流服务，为国际航商提供完善的港埠设施、旅运大楼、物料补给服务，通过整合相关产业把港埠建设成为邮轮物流服务枢纽中心，那么，就可以推动当地邮轮产业的发展。武科尼等（Vukonic et al.，2016）指出，邮轮船舶建造向大型化趋势发展，大型化船舶尺寸与巨量的旅客及工作人员为邮轮营运管理带来挑战。船舶吨位与乘客容纳量逐渐增大，在靠港停泊时间维持不变的情况下，必须快速补给物资，使供应链管理与物流管理变得复杂。孙等（Sun et al.，2019）以邮轮供应链为基础，研究了邮轮母港的竞争问题。针对邮轮供应链各参与者的竞争合作行为，建立了邮轮市场定价模型和邮轮母港竞争模型，提出邮轮供应链中的补贴政策会改变市场均衡，促进邮轮供应链上下游一体化，提升邮轮母港竞争力。

劳顿和巴特勒（Lawton and Butler，1987）、镇璐等（2019）指出，邮轮旅行航线受大环境经济因素、法制因素、政治因素和市场需求等诸多因素影响，因此，邮轮供应链具有补给点移动性的特征。维罗纳和西蒙（Véronneau and Cimon, 2007）认为，采购大批量的邮轮物资需要制定详细规划，以满足航线的要求，同时，必须保证物资质量以提高游客满意度。因此，邮轮物资的采购需要充分利用全球化优势降低成本，邮轮公司应着重解决并保证邮轮物资在航行中的不间断供应问题。维罗纳和罗伊（2009）指出，邮轮供应链面临的挑战，具有全球性、复杂性和紧迫性，邮轮产业全球布局，邮轮供应链面临市场移动的挑战，同时，也面临邮轮物资供应点的移动挑战，还要满足不同国家的监管要求和法规文件。瓦吉拉斯和拉古迪斯（Vaggelas and Lagoudis, 2010）指出，涵盖全球的邮轮产业供应链面临补给点移动的挑战，虽然邮轮航线有主要的地理区域，但是，在特定的季节会改变航线，或根据游客喜好调整航线，使邮轮航线中起始港或靠泊港等端点不固定，补给港口永远处于动态变更中，而停靠港口与原料供应点的距离变远，进一步导致补给的前置时间增加。

从研究内容看，外文文献对邮轮船供的研究逐步深化，如，从邮轮公司的微观角度，对供应商合作关系、船上游客消费行为等进行研究，在邮轮公司与供应商的关系方面，先提出邮轮行业供应商关系的独特性。随后，分析邮轮供应链中的服务质量，指出其在追求卓越服务时，不仅要考虑供应链企业成员，还要考虑供应链末端的旅客。另外，邮轮供应商需具备一个重要能力即灵活性，并转化为快速响应能力，以满足邮轮的临时需求。为了使邮轮供应商与邮轮公司的文化和目标保持一致，建立良好的合作关系及反馈机制，使其与服务供应链的最终客户有互动的机会，了解服务供应链的最终目标，更好地了解邮轮供应链中的客户实际需求，韦弗（Weaver, 2005）讨论了大型邮轮运营和船上消费的有序化和结构化的性质，引入"麦当劳理论"[①]，探讨因缺货或其他原因供货中断造成的严重后果，以及确保游客需求的良好供应链的必要性。除了定性研究之外，也有定量研究，如，埃尔科克等（Erkoc et al., 2005）提出了一个随机动态规划模型优化邮轮上易腐食品的库存，

---

① 麦当劳理论：大家往往会为了避免糟糕想法而被激发出好创意。

研究了邮轮餐饮产品多阶段补给的最优策略，指出在邮轮运营中，为了获得更低的采购价格并及时交货，防止市场波动，需提前与指定邮轮母港的分销商/供应商签订采购合同，并在出发前或航行中通过提前向当地现货市场下达订单进行额外采购，降低缺货的可能性。提前签订采购合同可以降低采购成本，现货市场采购可以应对因日常需求不同而造成的缺货，因此，有效的库存控制必须考虑两种补给方式之间的权衡。

邮轮产业研究在中文文献中起步较晚，且更多的是从宏观角度研究邮轮配套产业发展，但从微观角度深层次的研究仍然很欠缺。赵鑫（2014）针对邮轮企业和供应商的合作关系，指出供应商的选择是邮轮供应链中重要的一环，能帮助邮轮企业降低成本并提高运作效率，有助于其获得最佳供应资源，并从供应商绩效、生产能力、管理水平、协同能力和外部环境等方面建立了评价指标体系，在分析甄选供应商的过程中，运用模糊层次法对邮轮供应商关系进行优化。孙晓东等（2015）分析了邮轮母港船供物资配送中心及综合保税区在船供方面的重要作用。付春霞和寿建敏（2015）对邮轮物资供应链的特点进行了全面分析，指出其具有复杂性、全球性、时效性等特点，并对邮轮供应链模型的实体流和信息流进行了分析，重点分析了采购流程和运输流程，通过与供应商建立战略联盟及采购前置等方式降低采购成本，在运输过程和运输设备方面优化运输流程以降低运输成本，最后，对中国邮轮物资供应链的发展提出了相关建议。刘焕杰（2017）研究了邮轮物资供应链管理，指出其是邮轮运营过程中对所需物资筹划、采购、存储、运输等一系列活动的计划、组织、控制和核算，并以邮轮"南海之梦"为例，分析了邮轮物资供应链的特点，对物资采购、供应链评价、供应链管理流程进行规划，提出了供应链中采购流程和成本核算环节的管理措施。张等（Zhang et al.，2019）针对海上节能减排政策，研究了考虑航速约束和负荷不确定性的一个航次邮轮燃料供应最小化的问题。

二、关于选址和配送联合决策的中外文文献

关于配送中心的选址方法，中外文文献中所涉及的方法大致可分为连续模型选址方法、离散模型选址方法和德尔菲专家咨询方法三类

（Brimberg and Mladenovic，1999；吴坚和史忠科，2004；Zanjirani and Hekmatfar，2009；于炎，2009；郭俊峰，2011；钮臻辉，2014）。大多数文献采用离散模型选址方法，如，整数规划法或混合整数规划法、鲍莫尔·瓦尔夫（Baumol - Wolf）法、库恩·汉姆布利尔（Huehn - Hambureer）法、反町氏法、逐次逼近模型法等。沃森·甘迪和多姆（Watson - Gandy and Dohm，1973）最早提出了选址和配送联合决策问题，研究了设施选址与配送网络问题，但是，受限于问题的复杂性及研究环境，在模型的优化过程中未能运用计算机。贾韦德和阿扎德（Javid and Azad，2010）考虑了无容量约束的配送中心选址配送优化问题，建立了相应模型，并采用混合整数精确算法进行求解。唐可德等（Tancrez et al.，2010）运用非线性连续规划方法，解决了物流网络中的配送中心选址及流量分配问题。阿里扎德等（Alizadeh et al.，2015）研究了需求服从伯努利分布的选址问题，建立了有容量限制的多中心选址分配问题的混合整数规划模型。王道平等（2017）研究了配送中心选址与带时间窗的多中心车辆配送路径优化组合决策问题，借助双层规划法建立多目标整数规划模型。任慧和王东宇（2019）考虑不同时间段下的拥堵概率和预期拥堵距离，研究了碳排放的选址—配送集成优化问题，构建碳排放量最小化和经济成本最小化的多目标优化模型。李珍萍和仪明超（2022）针对需求量不确定下的配送中心选址及提前备货问题，提出基于"自营 + 外包"配送模式的配送中心选址—配送问题。目前，相关中外文文献对选址和配送联合决策优化问题进行研究时，主要从包括容量、覆盖率、时间约束三个角度考虑。

（一）考虑容量限制的选址—配送研究

外文文献潘桑迪德等（Pansandideh et al.，2015）针对一个多产品、多周期的三级供应链网络，以仓库的数量和位置、工厂生产产品数量、工厂—配送中心—客户三层网络每阶段的产品配送数量、配送中心库存数量以及客户缺货数量为目标函数，构建了一个以总成本最小化和产品的平均配送量最大化的双目标混合整数线性规划模型。中文文献李愈等（2012）考虑配送中心能力、客户需求、最小转运量和最小配送量等约束条件下的两级分销网络选址—配送问题，以选址固定成本、配送成本最小为目标，构建了选址—配送的混合整数线性规划模型，并采用遗传算法进行求解。张晓楠等（2015）考虑 B2C 模式下配送中心的服务能力及运输能力等，以物流总费用和配送费用最小化为目标构建了选址—配送模型，在模型求解中采用遗传算法。黄凯明（2017）将多层级物流配送系统选址与路径规划问题抽象为复杂网络图，建立了考虑多层级设施选址—路径规划问题的 ME－LRP（multi－echelon location－routing problem）的混合整数规划模型，模型中考虑了设施容量、运输技术经济参数等指标，并构建了 FLP 与 VRP 可协同的双智能算法 LRP 求解方案。康凯等（2018）基于闭环供应链，研究了其配送回收中心选址及配送问题，并运用模糊随机理论，以成本和碳排放最小化为目标，构建了选址—配送模型，模型中考虑了配送中心服务能力、流量及顾客需求等约束条件，并提出了优先级的全局－局部－领域粒子群算法的求解方法。李珍萍等（2020）研究了两层级带容量约束的共同配送—路径优化问题，建立混合整数规划模型，并运用遗传算法、K－means 聚类方法和 Lingo 软件设计三阶段法求解模型。

（二）考虑覆盖率的选址—配送研究

马云峰（2005）定义了时间满意度函数，基于时间满意度构建了最大覆盖选址模型，并用拉格朗日启发式算法求解。毕娅等（2012）基于云物流思想，以配送中心选址优化和整体需求覆盖最大化为目标，构建了选址—分配多目标非线性决策模型，并设计了基于遗传算法和粒子群算法的组合启发式算法进行求解。郭咏梅等（2017）引入需求覆盖率概念，以系统总成本最小化和客户需求覆盖率最大化为目标，构建了应急物流设施选址分配双目标混合整数规划模型，模型中考虑了容量约束、设施可靠性因素，并采用 NSGA Ⅱ 算法进行求解，最后，确定应急物流中心选址和各阶段的分配方案。丁乔（2020）考虑集中交付的便利性和覆盖率，建立生鲜果蔬交付点选址和配送路径模型，采用聚类分析法、粒子群算法求解模型。

（三）考虑时间约束的选址—配送研究

外文文献梅赫梅特和艾尔翰（Mehmet and Erhan，2007）考虑时间约束，建立了备件物流网络选址分配模型，求解方法应用非线性整数规划方法。阿巴西等（Abbassi et al.，2018）研究一个两层选址—配送问题，考虑时间窗约束条件，用基于遗传算法的元启发式方法求解，并在其基础上用一系列启发式算法代替并改进突变算子。中文文献黄春雨等（2004）针对时效性要求高的商品以缩短多阶响应周期之和作为优化目标，建立了多目标设施选址—路径问题（location - routing problem，LRP）模型，并用启发式算法求解。石兆和符卓（2013）为解决冷链配送系统优化问题，根据服务时间窗设计满意度函数，建立时变条件下的选址—路径双层网络优化模型，并使用最小包络聚类分析方法与混合遗传算法的两阶段求解策略。程新峰等（2014）构建了以固定成本、运输成本、超过规定时间的惩罚成本及运输中涉及的腐败成本组成的果蔬配送中心选址模型，并设计 K 均值聚类算法对模型进行求解。苏兵等（2015）针对易腐品腐败率线性可变的情形下，考虑了配送中心在配送过程中未按规定时间而引起的惩罚成本，构建了总成本最小化选址模型。王占中等（2015）在研究有容量约束的设施选址基础上，考虑时间惩罚和价格折扣，构建了与运输时间呈线性关系的时间惩罚成本。侯淑婕（2015）对三级冷链供应链网络体系进行了研究，以供应链配送过程中的腐败成本与惩罚成本最小化为目标，构建了制造中心与配送中心的双重选址及带时间窗的车辆配送优化模型，在配送过程中，考虑加入随机变量代替路程中的配送时间。邱晗光等（2018）以配送数量最大化及成本最小化为目标，构建了自提柜的选址—时间窗分配—路径规划多目标联合优化模型，并采用多目标粒子群算法对模型求解。姚红云和牛凯（2019）考虑了应急物流体系下物流中心的选址与配送问题，以模糊层次分析法为基础构建了选址模型，并建立了相应的配送路径优化模型。

三、中外文文献关于联合订购的研究

联合订购策略，即从同一个供应商或不同供应商向同一个供应地订购时，不同商品通过联合订购达到分摊主要订购成本、节省补货总费用目的的策略。巴林特菲（Balintfy，1964）首次提出（S，c，S）策略，标志着多品种联合订购研究的开始，该系统是一种特殊的用于协调订购的连续库存系统。戈亚尔（Goyal，1973）和西夫勒（Sivler，1976）在不考虑资金、资源和库存能力约束的前提下，研究了多品种物料的库存模型，假设需求率不变，订货价格固定，不缺货。皮尔库尔和阿拉斯（Pirkul and Aras，1985）构建了考虑单一资源资本、仓库容量和服务水平约束的多产品库存模型。

中文文献主要研究固定周期的统一订购策略和联合订购策略。例如，徐长静和徐尔（2006）研究了批量联合订购的方法，确定了最小订购周期为基本订购周期，其他物资的订购周期则为基本订购周期的整数倍，订购量由各自的需求率、回收率、修理率和订购周期决定。文晓巍和达庆利（2007）建立了易变质产品供应链的多品种库存模型，分析了基于五种不同订货策略的总成本函数的性质。朱立龙等（2009）分析了供应链中多品种订购策略或多客户订货策略的个体订购、联合订购和统一订购三种策略的聚集效应的优点、缺点和条件。此外，在随机需求下的多项目联合订购优化方法研究中，张金隆等（2004）讨论了考虑服务水平约束的基于随机连续库存策略的联合订购库存问题，并针对多品种联合订购问题提出了关键决策参数的启发式算法。张建荣等（2012）在随机需求条件下考虑保证程度约束，运用蒙特卡洛随机模拟技术求解随机变量的期望值，建立了基于固定周期策略的多项目联合订购模型，并采用遗传算法计算了基本订购周期、各产品订购周期和最大库存的最小库存成本。关志民和吴浩（2012）建立了具有模糊需求和价格折扣的单阶段、多项目订购定额分配的模糊多目标混合整数规划模型，并设计了一种两阶段算法对模型进行求解。周华（2017）研究了单供应商和多零售商两级供应链网络背景下，市场需求服从随机分布时供应商采用延迟支付和批发价格折扣契约激励措施对多零售商订购策略的影响。柏庆国和徐贤浩（2018）、杨建华和韩梦莹（2021）研究了碳税政策下的二级供应链联合库存决策问题，构建供应链成本最小化的联合订购模型。

关于联合订购问题及其算法的研究，已经取得了很大成果，大多数学者的求解方法都是遗传算法（genetic algorithm，GA）、粒子群优化（particle swarm optimization，PSO）等启发式算法，或在原始算法基础上改进，或将其中两种算法进行混合应用。还有文献将启发式算法与仿真方法相结合。多品种联合订购的库存建模与求解，主要采用概率法、数学规划法、数值计算法和优化方法。

四、关于多源多阶段采购策略的中外文文献

（一）关于多源多阶段采购策略的研究

关于采购策略，一种依据供应源选择分为单源采购策略和多源采购策略，研究主要基于供应链风险。伯克等（Burke et al.，2007）研究了在需求不确定性条件下，单周期单产品采购决策，集成产品价格、供应商成本、供应能力、供应商可靠性和企业特定的库存成本，为应对供应中断风险下供需双方的不确定性，从单源采购策略、多源采购策略角度分析如何制定一个有效的采购策略。冯和石（Feng and Shi，2011）分析了一个通过动态定价来整合需求并通过供应多样化来降低风险的模型，得出单源采购策略和多源采购策略二者具有可替换关系，动态定价在多源采购策略情形下不如单源采购策略。石等（Shi et al.，2011）研究了不同采购源下同时考虑现货市场的随机需求和价格波动的多阶段补货决策问题，建立了一个多阶段随机规划模型。王丽梅等（2011）考虑了现货市场出现断货的情况，研究了现货市场与契约市场同时存在的背景下，销售商基于风险规避给采购策略带来的影响，以及供应链协调的最优订购量。米娜和萨玛（Meena and Sarmah，2013）研究供应中断风险下的制造商/买方在多个供应商之间的订单分配问题，建立了考虑不同容量、不同失效概率和不同供应商数量折扣的混合整数非线性规划模型。

另一种依据采购阶段，划分为单阶段采购策略和多阶段采购策略。其中，关于多阶段采购问题，巴索克和阿努皮迪（Bassok and Anupindi，1997）较早针对多阶段采购优化问题，假设计划期每个阶段的需求独立且服从相同分布，以采购成本、库存成本和缺货成本的综合期望值最小化为目标建立了动态规划模型，研究了基于多阶段报童问题的基本库存水平的最优采购策略。古尔纳尼和唐（Gurnani and Tang，1999）将多个

补货瞬间视为报童模型设置的一部分，将采购分为价格折扣和预测更新两个阶段。陈和克拉斯（Chen and Krass，2001）在巴索克和阿努皮迪（1997）的研究基础上进行了拓展，假设各阶段需求服从不同分布。李武等（2010）考虑了采购量约束，对多源订单分配、多阶段订单分配进行了研究，建立了运用报童模型扩展得出单阶段最优采购策略的相应模型，并采用多阶段启发式算法进行求解。宋开发（2012）和戴相全等（2015）分析了价格及市场需求不确定等情况，采用动态规划等方法，对多阶段采购策略进行优化。孟等（Meng et al.，2015）研究了期货合约和现货市场的采购计划问题，为了避免价格波动风险，在现货价格随机情况下建立了一个多阶段的采购随机规划模型。许艳（2015）针对多品种、可变批次生产方式下物料需求数量众多、需求时间交叉、长短不一的情况，采用需求物料数量、时间交叉时段划分方法，确定了多时段物料需求计划。随后，应用递阶层次结构模型，建立了供应商评价指标体系，并对多源供应商选择进行评价，评价方法采用了模糊层次分析法。最后，建立多时段、多源采购的多目标规划决策模型，求解方法中引入灰色关联度，设计遗传算法进行求解。

（二）关于需求信息更新下的采购策略的研究

外文文献伊品和耶尔（Eppen and Iyer，1997）研究了时髦商品的采购和销售，基于快速反应，建立了对应的随机动态规划模型，并通过预测更新降低需求不确定性带来的影响。拉里维埃和波蒂厄斯（Lariviere and Porteus，1999）指出，零售商对新产品的潜在需求分布的不确定性，假设未满足的需求流失且未被发现时，应观察销售而非需求，并用贝叶斯经验法对库存进行管理。多诺霍（Donohue，2000）研究了制造商和分销商双模式生产环境下正确协调预测信息和生产决策的合同供应问题，确保有效解决不同定价条件下，由不同时期的需求预测导致制造商获取预测信息的改进程度。蔡等（Choi et al.，2003）对两阶段订购策略问题进行了研究，与古尔纳尼和唐（Gurnani and Tang，1999）的研究类似，不同之处在于，第二阶段预测更新过程中，对第一阶段应用了贝叶斯方法，假设第一阶段订购成本已知，而第二阶段的订购成本不确定，提出了一个两阶段动态优化问题，并运用动态规划逆推法推导最优策略。马等（Ma et al.，2012）研究了以提前期长、销售旺季短为特征的服装供应链，在需求实现之前，面对需求不确定性和风险规避的零售商有两次订购机会的决策问题，需求预测好坏直接影响决策，并扩展到允许取消订单的情况。赵等（Zhao et al.，2018）建立了一个两阶段模型探索两级供应链中的供应期权合同问题，考虑了随机现货市场和一般相关性的需求信息更新，提出了预期单位机会节约的概念，研究不同市场情景下每单位期权的预期收益。

　　中文文献陈旭（2005）研究了易逝品的批量订购问题，考虑到顾客在需求信息更新情况下，零售商两次订购的采购优化及策略调整。张醒洲和张蕾（2005）基于信号博弈理论，在需求不确定且传统的需求预测方法失效的背景下，研究了销售商允许调整订购量的两阶段订购问题，构造了最优订购量、策略调整及制造商契约灵活性约束的收益成本最大化的目标函数，并建立了相应模型。吴江华等（2010）研究了信息可更新条件下两级供应链中订购时间及订购价格的联合决策问题，在不同订购时间有不同的订购价格，以此对信息更新程度的影响为起点，分别从集中决策和分散决策两个层面出发，建立了供应链节点企业的利润模型，模型中内生决策变量是订购时间，并在分散决策情况下，引入了收益共享契约，寻找帕累托改进，与既有研究文献相比，突破了只有两次订购机会的局限。周艳菊等（2008）基于风险决策中的条件风险价值（CVaR）方法，在布朗运动的贝叶斯预测方法的基础上，建立了两阶段多产品订购风险决策的连续型单期模型，在非线性订购规划模型处理上将其转化为两个简单的线性规划模型。陈金亮等（2010）基于需求预测更新，研究了对称信息下，在传统提前订购策略的提前期内，为减少一次订购的不准确性所造成的损失而引入了第二次订购修正。该文献又在具有需求预测更新的计划模型中，考虑了不对称信息与双重边际化，对其分别设计了最小订购比例合同和补贴合同。郭营（2017）基于前景理论，考虑在期权合约市场与现货市场构成的混合市场中，零售商具有损失规避的行为模式，构建了市场需求不确定和现货市场价格服从一般随机分布情况下两阶段供应链的决策模型，并在此基础上研究了市场信息更新后，零售商第二阶段损失规避的决策模型，并反推出第一阶段最佳的期权购买量。

五、关于物流服务供应商评价的中外文文献

（一）关于物流服务供应商评价指标的研究

对物流服务供应商的评价，是邮轮船供物资供应链高效运行的保障。威廉等（William et al.，2010）指出，物流服务供应商的评价包括供应商数量优化决策、供应商评价和物流任务分配，是一个典型的多目标决策问题。学者们在设立评价准则时，总是会从定性角度或定量角度或两者相结合的角度展开。评价指标构建的合理性将影响企业能否选择到合适的物流服务供应商，因此，建立合理的综合评价标准成为物流服务供应商选择的关键。影响物流服务供应商评价的综合因素有很多，根据不同的研究主体和研究背景，设立的评价准则不尽相同。中外文文献从不同的角度，对物流服务供应商的评价指标进行了研究，评价准则的方式主要分为两种，一种是通过对物流服务供应商或其客户的调查来评价；另一种是通过对前人的评价准则进行归纳总结，具体情况如下。

19 世纪，美国学者迪西翁（Dicsion，1966）最早开始研究供应商选择问题，在调查了美国的 100 多个采购人员后，通过整理问卷与相关资料后，认为评价供应商最重要的三个准则是：历史绩效水平、服务质量和可靠性。在此基础上，斯宾塞等（Spencer et al.，1994）调查了美国登记的 154 家公共仓库，发现了准时制生产方式（Just - In - Time，JIT）背景下企业选择物流服务供应商的 23 项具体准则，即，中断提前通知、订购周期、准时性、服务质量、客户支持度、易处度、管理质量、服务意愿、信誉、价格、地理位置、服务多样性、成本节约、特殊专长、减少劳动力、技术能力、良好的沟通、可靠性、服务速度、柔性、减少资产的承诺，竞争增加和全球能力。马尔茨（Maltz，1994）通过调查美国的 105 家企业、物流管理公司和仓储理事会会员以及教育与研究委员会，考虑成本和质量指标对于依托第三方物流企业提供仓储服务的重要性，对私

有仓储、合同仓储、公共仓储三种性质的仓储进行测试。研究结果表明，公共仓储和合同仓储提供的仓储服务水平与私有仓储提供的仓储服务水平不一样。梅农（Menon，1998）向美国163家需要物流服务供应商提供物流服务的用户进行问卷调查，对回收的问卷进行整理与统计后，提取用户最关心的五个评价物流服务供应商的因素，即用户感知的物流服务绩效、物流能力、物流价格、战略匹配度和外部环境影响程度。

进入21世纪，外文文献维尔马和普尔曼（Verma and Pullman，2000）认为，评价物流服务供应商最为重要的3个准则是财务状况、服务能力和服务价格。贾卡哈里亚和尚卡尔（Jharkharia and Shankar，2007）在前人实践和研究的基础上，将财务稳定性、风险管理能力、能否与用户建立长期合作关系和运营绩效4个因素，归纳为供应商的服务能力、服务价格、服务质量和企业声誉。埃芬迪吉尔等（Efendigil et al.，2008）围绕产品生命周期和环保问题，认为物流服务供应商评估的准则有，服务质量、服务价格、物流能力、用户满意度、系统弹性指数、系统集成指数、货物满意率、准时交付率、订单周期、市场增长率、市场研发率和环保支出等12项。坎南等（Kannan et al.，2009）在研究逆向物流服务供应商评价问题时，建立了一个物流服务供应商两级评价指标体系，其中，一级指标主要涉及八个方面，即服务价格、交付可靠性、服务设计能力、长期合作能力匹配度、服务质量、长期合作意愿、长期合作态度和回收率。艾莎·阿圭佐尔（Aicha Aguezzoul，2014）针对物流服务供应商选择，通过搜索Science Direct数据库、Emerald数据库和Business Source Complete数据库在1994~2013年围绕此主题公开发表87篇文献，通过总结分析，归纳了物流服务供应商评价的11项指标，即成本、关系、服务、质量、信息和设备系统、柔性、交付、专业性、财务能力、地理位置和信誉。阿哈罗诺维茨等（Aharonovitz et al.，2018）对物流服务供应商的能力进行综合评价，运用关键绩效指标（KPI）等方法，提出采用配送时效性和配送完好度等指标构建结构方程模型。此外，该文献还讨论了人际交往技能、组织文化和沟通要素等辅助因素，共同评价物流服务供应商的能力，并通过顾客满意度评价等方式综合评价物流服务。希什奥迪亚等（Shishodia et al.，2019）在物流服务评价指标的选择上，采用物流服务时效性和顾客满意度等指标，运用模糊语言引导的顺序加权聚合技术计算权重，并结合实际项目案例研究，对物流服务进行综合评价。帕穆卡尔等（Pamucar et al.，2020）指出，企业在物流服务供应商的选择中，应重点关注时效性和顾客满意度水平，建立衡量指标，并提出一种基于模糊神经网络的弹性供应商选择方法，以确定供应商标准的重要性权重，实现对供应商的综合评价和管理，从而实现对供应商服务能力的约束。卡南（Kannan，2021）指出，在供应商服务管理阶段，需要建立战略合作关系，深度加强信息化平台整合，提出次级驱动因素概念，个人价值观、积极的高层管理支持以及政府的监管立法是关键的影响因素，并应用最佳最差方法（Best Worst Method，BWM）进行优先级排序，实现信息化的优化管理。

相比而言，在物流服务供应商评价问题研究上，中文文献较少通过调查方法获取物流服务供应商评价准则，大多数学者主要是在前人基础上进行归纳与总结，得出评价物流服务供应商的准则，具体情况如下。

中文文献魏世振和韩玉启（2002）通过调查研究发现，国内有92.4%的企业在选择供应商时，将质量和价格作为主要评价因素，将交货前置期作为另一个重要考虑因素的企业，占被调查企业的比重达69.7%。大部分中文文献主要是在借鉴外文文献研究成果的基础上，归纳总结选择物流服务供应商的影响因素。如，田宇（2003）认为，供应链上物流服务供应商具有能提供集成化、定制化或网络化的物流服务能力等特点，其企业核心能力为高效地处理信息的能力。在参考前人研究的基础上，将服务价格、服务质量、顾客服务满意度三个因素作为评价物流服务供应商的关键准则。胡健和史成东（2008）在总结、归纳相关研究文献的基础上，建立了评价第三方物流服务供应商的两级指标体系，其中，一级指标包含5个方面，即服务水平、风险管理能力、区位优势、财务状况和管理能力。张宏伟（2013）通过借鉴国内外学者的相关研究成果，设计了跨国公司在中国选择物流服务供应商考虑因素的调查问卷，并向在中国的跨国公司发放，对回收的调查问卷进行分析后，结合物流外包的特点，从两个角度归纳了物流服务供应商的七个评价指标，即从物流资源角度包含资源互补性和资产有形性；从服务能力角度包含管理、信息技术（IT）和物流等能力，企业声誉和文化兼容性。钱蓝和宋华明（2015）针对第三方物流，强调在协同有效性方面，需要制定供应商协同方案的规划，并加强信息沟通，以提高整体合作能力。郑宇星（2017）将履约能力和服务成本等指标，作为衡量标准对港口第三方物流服务供应商进行评价。李东和陈国宏（2019）结合冷链物流供应商评价指标体系，认为服务质量、服务水平、信息化水平等是关键因素，指出在选择冷链物流供应商时，需要确保物流企业满足上述综合需求。

综合上述中外文文献对物流服务供应商评价影响因素的研究发现：①设定物流服务供应商评价指标体系主要有两种方式：一种是通过调查来获取选择影响因素；另一种是在前人的基础上进行归纳总结；②质量和成本被认为是选择物流服务供应商最重要的指标，并没有针对具体行业的特性来考虑选择物流服务供应商的影响因素。

（二）关于物流服务供应商评价方法的研究

关于物流服务供应商评价方法的研究，主要分为三个阶段。第一阶段，主要采用定性分析方法，有协商选择法、招标法、直观判断法等；第二阶段主要使用定量分析方法，有线性权重法、层次分析法、统计分析法和成本比较法等。1915年，美国著名的电气工程师哈里斯（Harris）提出经济订购批量（economic order quantity，EOQ）模型之后，学者们为了确定最优经济订购批量以降低相关成本，逐渐使用定量分析法来解决评价决策问题。第三阶段是在定量分析方法深入发展与广泛应用的基础上，学者们发现，在物流服务供应商选择问题上，仅考虑成本因素是远远不够的，需要综合使用定性方法与定量方法。

目前，评价物流服务供应商的方法，主要是定性与定量相结合的分析方法。许多学者对评价供应商的方法进行总结，例如，外文文献韦伯等（Weber et al.，1991）综述1966～1990年关于供应商评价与选择的74篇文献，归纳了供应商选择的评价指标和基本方法。其中，价格、准时率和质量的占比分别为80%、59%和54%，而文献中使用频率最高的四种方法是线性权重法、层次分析法、多供应商选择的单目标法和非线性规划法。艾莎·阿圭佐尔（2014）对关于物流服务供应商选择的87篇文献进行总结，将物流服务供应商选择的基本方法归纳为五种，即多属性决策技术、统计方法、人工智能法、数学规划模型和综合法。

尹志红等（2010）利用信息熵和灰色分析方法，先确定一级指标，并对一级指标进行分解，通过建立模型，确定样本矩阵和指标权重，以获得最佳结果。鞠红梅和宗萌萌（2012）运用模糊综合评价方法确定供应商选择，强调在选择供应商时，应优先关注供应商的实力指标、服务质量等特征。吴自强（2013）结合 K－均值聚类法，将供应商的软实力和硬实力、功能服务质量等作为评价指标，以找到最佳合作伙伴。陈晓华和修国义（2014）研究了黑龙江农产品第三方物流供应商选择，将运作能力和服务水平等作为衡量指标，运用网络层次分析法并利用信息熵，最终确认最佳供应商。程晓玲（2018）以农产品第三方物流运输为研究对象，针对农产品流通环节质量和市场供求建立了较完善的第三方物流评价体系，用层次分析法确定不同指标的加权，再运用 TOPSIS 方法评价第三方物流供应商。韦慧（2019）通过层次分析法研究第三方物流选择指标，强调了物流设施、物流服务质量和财务状况三个关键决策因素。初从帅和费先宏（2020）采用层次分析法和熵权法，以物流服务能力、时效性和完好性等指标作为衡量标准构建评价模型。

本书通过查阅、梳理相关文献，在前人基础上，将物流服务供应商评价决策的研究方法归纳为六种，即线性权重法、统计（概率）法、人工智能法、数学规划法、成本分析法和综合分析法。

总体来说，研究方法有定性方法、定量方法和定性、定量相结合的方法。一般来说，这些方法的原理不同，在解决实际问题时各有优缺点。物流服务供应商评价方法比较，如表 2－5 所示。

表 2－5　　　　　　　　物流服务供应商评价方法比较

评价方法	优点	缺点
线性权重法	（1）方法简单，易于学习与使用 （2）能解决定性与定量的多准则问题 （3）考虑选择因素间的依附关系 （4）每个选择因素对结果有直接影响	（1）选择因素权重主要依靠人的判断 （2）没有考虑模型的限制 （3）比较判断矩阵构建耗时长和选择因素多时数据处理复杂

评价方法	优点	缺点
统计分析法	（1）可以用来分析大量数据 （2）能解决复杂问题，例如，决策准则的多层次结构数据问题	（1）无最优的统计解决方法 （2）难以将限制性条件加入模型中 （3）当选择因素间依附性高时难以聚类
人工智能法	（1）提供了一个灵活的知识数据库 （2）考虑了定性因素 （3）处理复杂和不确定问题优于人工判断	（1）难以收集物流服务供应商的相关数据，进行专业分析耗时且难度大 （2）购买数据库成本高
数学规划法	（1）选择因素不需要矩阵维度一致 （2）能解决限制性问题或非限制性问题	（1）很难测度定性因素和分析结果 （2）使用计算机处理非限制性问题耗时
成本分析法	（1）选择因素少，操作简单 （2）耗时少	（1）成本涉及供应商的商业秘密，数据难以获得
综合分析法	（1）能综合多种方法的优点 （2）可解决定性与定量的多准则问题	（1）方法种类多，学习与使用耗时长 （2）不能实现相互影响因素的反馈

资料来源：笔者根据 Aguezzoul A. Third-party logistics selection problem：A literature review on criteria and methods［J］. Omega, 2014 (49)：69 – 78. 高文军，周阳. 物流服务供应商选择研究综述与展望［J］. 未来与发展，2014 (10)：49 – 52 的相关资料整理而得。

六、中外文文献关于邮轮应急供应链的研究

（一）关于应急供应链的研究

在应急供应链方面，灾害运营管理（disaster operation management）领域相近的关键词包括：人道主义物流（humanitarian logistics）、人道主义供应链（humanitarian supply chain）、救援物资供应链（relief supply chain）、应急响应（emergency response）等，相关研究比较分散。近些年，应急管理领域的研究增长趋势明显，如，外文文献阿特莱和格林（Atlay and Green, 2006）、辛普森和汉考克（Simpson and Hancock, 2009）、伊库阿（Ichoua, 2011）、梅利等（Melih et al., 2012）、加林多和拉詹（Galindo and Rajan, 2013）等对应急管理进行了较为完整的综述研究，基本上按灾害生命周期理论划分为四个阶段，即减灾、预备、响

应和恢复。灾害运营管理领域的研究，多集中在设施选址、库存部署、物流、物资分配和应急疏散等方面。在设施选址、库存部署方面，主要研究设备选址或仓库选址、库存水平设置和物资供应策略，在物流方面，主要是车辆路径问题和车辆调度问题，在物资分配问题方面，主要是如何分发物资满足灾区需求；在应急疏散方面，主要是选择应急疏散路径，制定应急疏散计划。按照灾害生命周期理论，设备选址和库存部署问题属于应急预备方面的问题，而物流、物资分配和应急疏散等属于灾害响应方面的问题。

在应急设施选址方面，传统的选址问题研究主要有覆盖问题、中心问题和中位问题，这些传统的选址问题构建的选址模型均建立在条件确定的假设前提下。而应急资源选址问题则具有随机性和不确定性，因此，中外学者相继将能处理不确定性的理论引入应急资源选址问题中。尤其是大规模突发事件的设施选址问题和响应问题，越来越受到学者们的关注。曾等（Tzeng et al.，2007）采用模糊多目标规划方法建立应急救援分配模型，模型考虑总成本最小化、时间最短和满意度最大化三个目标。杜兰等（Duran et al.，2011）针对国际组织中的仓库灾前准备问题，以最小化应急仓库到需求点的响应时间为目标构建了混合整数规划库存选址模型，并分析了设施数目和库存水平对平均响应时间的影响，同时，对模型的鲁棒性进行仿真分析。雷基克等（Rekik et al.，2014）以容量和多种资源为约束建立了多目标选址—运输模型，其中，目标包括最小化运输总时间、最小化设施选址数量和需求未满足总量，使用 epsilon 约束法生成了精确的帕累托前沿解集，同时，提供了一种不生成全部帕累托最优解但求解速度较快的方法。朱建明（2015）用覆盖为目标的救援总时间反映时效性，最大救援半径反映均衡性，以设施损毁情景下额外增加的救援变更时间反映鲁棒性，用三个目标函数组成的三元组刻画选址决策的目标向量，建立应急设施多目标优化模型。俞武扬（2016）考虑服务能力受损情景，通过最大临界覆盖距离、最小临界覆盖距离定义应急设施对需求点的应急服务质量，在满足需求点最低服务质量、服务数量要求的条件下，以最大化加权服务质量期望值为目标建立应急设施选址模型。宋英华等（2019）提出一种满意度函数来衡量灾民心理，考虑配送中心选址的多物资、多级配送、多式联运的应急物资配送问题，建立以灾民感知满意度最大化和系统总成本最小化为目标的数学模型。汤兆平等（2022）基于复杂网络理论，提出路径的非概率可靠性度量及最优时间可靠度路径选择方法，构建节点权重、边权及径权均为区间数的非概率可靠性铁路应急设施选址—路径鲁棒优化模型。

在应急资源配置方面，费德里奇和格鲍尔（Fiedrich and Gehbauer，2000）指出，应急救援物资只有顺利送至受灾点才能实现科学配置，并根据区域灾害严重程度建立了动态优化模型。阿罗拉等（Arora et al.，2010）提出了突发公共卫生事件中优化区域援助的资源配置方法，认为以中央储备和资源重新分配的形式提供的地区援助可以帮助缓解由此产生的需求激增。方磊（2008）从投入产出整体效率视角，提出新的资源优化配置的非参数模型对应急资源总体利用情况进行评价，并在此基础上考虑决策者偏好构建了 DEA 资源配置决策模型以提高整体效率。王苏生等（2011）考虑到多受灾点应急资源配置过程中的资源竞争问题和费用偏高问题，以双层规划方法为基础建立多受灾点应急资源配置模型，尽早确保全局应急事件发生时的费用最少。曲冲冲等（2021）从整合邻近区域应急资源、协同应对突发事件角度，以经济性和物资分配的公平性为目标，建立了多阶段、多灾种的区域协同应对自然灾害应急资源配置的多目标规划模型。也有一些文献从博弈论角度研究应急管理方面的资源调度、信息传播及应急预案的生成等问题（姚杰等，2005；杨继君等，2008）。樊博等（2017）运用 IS 成功模型，研究了应急资源协同需求对联动信息系统成果的因果机理。李帅等（2017）研究了多种可重复利用资源在各受灾点之间的多时段综合协同调配决策问题。宋英华等（2018）基于公平与效率视角，以满意度最大、总成本最小、人员损失最小为目标，构建了多周期、多目标、多物资的公私物流资源整合的双层动态选址—分配（LAP）模型，上层以物资满足率最大化为目标，下层以时间满足率最大化为目标。

有些文献同时考虑了选址问题和配置问题。如，梅特和扎宾斯基（Mete and Zabinsky，2010）考虑需求和运输中断情形下的医药库存部署问题，以期望费用最小化为目标，构建了选址和库存决策两阶段随机模型。萨尔梅龙和阿坡特（Salmeron and Apte，2010）考虑两阶段决策，建立设施选址和库存模型，第一阶段包括仓库、医药设备、庇护点等预设决策，第二阶段主要是物流决策和物资分配决策，以应急物资满足率最大化为目标。曼帕缇等（Manupati et al.，2021）通过考虑血浆运输总时间最小化和血浆供应链网络总成本最小化两个相互冲突的目标函数，建立了一个鲁棒的混合整数线性规划模型，其中，血浆供应链网络总成本包含库存成本。葛洪磊和刘南（2014）基于复杂灾害情景构建了两阶段随机规划模型，第一阶段为选址—库存模型将其转化为无约束线性优化问题，第二阶段为应急物资分配模型并提出势能抵消算法。于冬梅等（2019）从需求区域和服务质量视角引入安全库存机制，考虑时间、经济及地理阻断等多重约束限制，构建应急设施选址与资源分配优化模型，并设计灰狼优化算法（GWO）与可视凸点绕障路径耦合算法求解模型。

（二）关于邮轮应急供应链的研究

在邮轮应急供应链方面，中外文文献主要从自然灾害、事故灾害、公共卫生安全事件和社会安全事件四个方面，展开邮轮风险防范相关研究工作（Rodrigue and Wang，2020；Wook - Jung et al.，2019；Cramer et al.，2012；Freeland et al.，2016）。外文文献米莱斯基等（Mileski et al.，2013）从邮轮运营风险角度，探讨了自然灾害、非自然灾害背景下的海洋资源在陆地和海上的选择问题，根据灾害类型、响应者能力和接收者需求三个因素制定海上资源备灾策略，指出灾害决策方案需要灾前规划和灵活的灾后应对策略。米莱斯基等（2014）根据历史邮轮事件报告数据评估和分类事故的原因，揭示导致邮轮事故的因素。莱拉等（Lera et al.，2019）从危机管理和营销视角，研究邮轮重大关键事件对消费者未来乘坐邮轮意愿的影响，与关键事件相关的特定变量，如，公众情绪、企业声誉以及通过社交媒体获得的信息，这些信息可能会影响此类事件发生的可能性，从而影响未来消费者乘坐游轮的意愿。孙等（2022）考虑国际邮轮的特点和特殊性，从法律视角评价港口国对邮轮采取的公共卫生事件预防措施是否恰当，并提出未来针对大型邮轮的防控措施。中文文献张永锋等（2020）指出，邮轮客运受公共卫生传染疾病全面关闭的打击，提出完善邮轮公共卫生防控体系的建议。李涵等（2021）从供应链角度分析了公共卫生事件下邮轮服务供应链运作机制，并引入传染病模型构建了符合疫情公共卫生的邮轮传染模型，提出邮轮和港口为尽可能减少感染人数应采取的联合应对防控措施。

七、中外文文献研究现状述评

（一）关于邮轮船供的研究

中外文文献均对邮轮产业展开了深入研究，外文文献的研究内容相对来说更为广泛。中国邮轮产业发展并未完善，邮轮船供发展仍处于起步阶段，中文文献的研究多数集中在顾客满意度、营销组合与航线设计策略等方面的分析上，较少从邮轮船供方面进行研究，且邮轮船供的研究属于邮轮旅游产业中较新颖的领域，邮轮船供物资供应链管理与物流规划等相关研究也是邮轮运营管理研究中的一个瓶颈。根据邮轮船供的特点，对邮轮相关配套设施、配送及补给、弹性应急供应链策略的量化分析，对于提升邮轮产业链的发展有促进作用。

（二）关于选址和配送联合决策的研究

选址和运输/配送都属于物流系统规划问题，二者之间关系密切，将二者联合起来考虑进行综合研究，对物流系统规划来说意义重大。相对于选址决策研究或者运输/配送决策研究，二者联合决策的研究更加复杂，具有应用性强、涉及因素众多、涉及面广、研究难度较大等特点。国内外学者针对该联合决策问题的研究，求解方法一般有分支切割法、局部搜索改进的贪婪算法、随机自适应搜索过程、与局部搜索相结合的遗传算法、粒子群算法、模拟退火算法，顺序搜索和并行领域搜索等。从既有文献来看，大部分文献研究两层级的选址和运输/配送（location and routing problem，LRP）模型，关于三层级及以上的选址和运输/配送联合决策的研究成果相对较少。基于物流网络多层级化的发展趋势，缺少针对三层级及以上的选址和运输、选址和配送联合问题的通用系统模型。选址和路径问题均属于非确定性多项式（NP-Hard）问题，因此，选址与车辆路径联合优化问题则更复杂，而小规模问题只适合采用精确算法求解，大规模问题不适用这种方法。学者们往往以启发式智能算法为主对大规模问题进行求解，单一的启发式算法难以同时解决两个子问题。

因此，将配送中心（仓库）选址问题（facility location problem，FLP）与车辆路径问题（vehicle routing problem，VRP）两个相互关联且依赖的子问题进行联合决策研究，是选址和运输/配送研究的关键与难点之一。

（三）关于联合订购的研究

中外文文献根据需求信息和其他信息的特点，将多品种联合订购策略分为确定性和随机性两类。然而，成本模型存在缺陷，更多考虑费用而较少考虑服务水平，大多数库存成本模型都将"平均订单满足率"作为衡量服务质量的标准，往往忽略了订单的响应时间。另外，多品种联合订购问题的优化，通常只考虑最小库存成本和最小订购成本，而忽略了配送成本，或将其视为一个常数。因此，采购、库存和交货的联合优化问题，值得进一步研究。

（四）关于多源多阶段采购策略的研究

在全球供应链环境下，单源采购已无法适应多变的市场环境，为降低供应不确定性和需求不确定性造成的不良影响，保证需求量和价格折扣，采购方和供应商会以采购契约形式签订合作协议。在多源、多时段的采购优化问题上，中外文文献取得一定研究成果，但是，研究文献都有一定前提假设，如，需求固定，或多源采购下的采购量有特殊要求；在模型构建上，往往是在传统报童模型的基础上进行扩展；而在多阶段采购过程中，根据实际运营需求进行信息收集作为后一阶段的预测更新信号的较少，也是研究的热点方向之一。

（五）关于物流服务供应商评价的研究

在物流服务供应商的评价指标体系上，学者获取评价指标体系的方式主要有两种，一种是通过调查获取评价指标；另一种则是在前人的基础上进行总结。质量和成本作为评价物流服务供应商的最重要指标，学者们并未针对具体行业的特性考虑评价物流服务供应商的影响因素。在物流服务供应商评价方法上，本书总结了常用的物流服务供应商评价方法的优缺点，常用的评价方法的最大问题是，未考虑存在评价因素间相互影响的反馈关系。

（六）关于邮轮应急供应链的研究

中外学者对于邮轮业的关注度越来越高，研究范围逐渐扩大，从宏观到微观不断深入，主要集中在邮轮港口、邮轮经济及邮轮运营供应链管理的理论探讨上。随着突发公共卫生事件对邮轮产业的深远影响，中外学者逐渐将研究焦点转向邮轮危机运营管理方面，但多为邮轮突发事件现象、事件成因分析及应对措施等定性研究。国内外关于邮轮公共危机管理的研究过于重视宏观政策层面，且过于重视短期内的应急管理，对危机管理的长效机制研究不足。在微观定量研究方面，中国邮轮突发公共卫生事件应急处置的应急物资管理体系、应急保障能力、风险评估能力等，尚有待补充与完善。

第三节 本章小结

本章分析了邮轮船供物资的内涵和特征，邮轮船供物资供应链的特征包括，采购全球性、补给点变动性、补给时效性、不可弥补性、复杂性等。之后，分析了邮轮船供模式、邮轮船供物资供应链系统。随后，介绍了本书中涉及的动态规划、二层规划等最优化方法和贝叶斯信息更新理论。最后，对邮轮船供、选址和配送联合决策、联合订购、多源多阶段采购、物流服务供应商评价、邮轮应急供应链等相关中外文文献进行了梳理分析。

第三章　国内外邮轮船供发展现状

第一节　中国邮轮船供发展现状

近十多年来，主要是中国消费者对邮轮度假的认识阶段，是传播邮轮知识、邮轮文化的阶段。在此阶段，市场培育已逐步成熟，中国消费者对邮轮的接受度越来越高，尤其是家庭式、团队式出游渐成风尚。这些情况促使我国邮轮市场规模快速扩大，中国沿海地区也初步形成了大连、天津、青岛、上海、宁波-舟山、厦门、广州、深圳、三亚和海口等邮轮始发港。2015 年，中国发布了《全国沿海邮轮港口布局规划方案》，计划在 2030 年前，全国沿海形成以 2 ~ 3 个邮轮母港为引领、始发港为主体、访问港为补充的港口布局。①

目前，中国在用的邮轮港口共 15 家，其中，邮轮专用码头 8 家，分别为上海吴淞口国际邮轮港、天津国际邮轮母港、广州南沙邮轮母港、深圳招商蛇口邮轮母港、厦门国际邮轮中心、青岛邮轮母港、三亚凤凰岛国际邮轮港、舟山群岛国际邮轮港。中国邮轮港口已形成三大邮轮圈格局，即"以上海为中心的长三角邮轮港口群 + 以天津为中心的环渤海邮轮港口群 + 以广州为中心的南海邮轮港口群"，呈现出"五群一带"的总体分布格局，如表 3 - 1 所示。随着中国邮轮市场不断壮大，港口口岸服务功能、物资供应、邮轮船队等相关环节加快发展，逐步成为中国经济发展的新亮点。本节将以上海吴淞口国际邮轮港、天津国际邮轮母港

---

① 资料来源：交通运输部. 交通运输部：全国沿海邮轮港口布局规划方案出炉［EB/OL］. https：//www. gov. cn/xinwen/2015 - 04/28/content_ 2854090. htm.

和广州南沙邮轮母港为代表，介绍中国邮轮船供发展现状。

表 3 – 1　　　　　　　　　**"五群一带"的总体分布格局**

布局	分区	中心	支撑	航线产品拓展空间
"五群"	环渤海湾邮轮港口群	天津	北京、天津、辽宁、吉林、黑龙江、内蒙古、河北、河南、山东等腹地	韩国、日本，俄罗斯的符拉迪沃斯托克
	长三角邮轮港口群	上海	上海、江苏、浙江、安徽、江西、湖北、河南等腹地	韩国、日本，俄罗斯的符拉迪沃斯托克，中国台湾
	海峡两岸邮轮港口群	厦门	福建、江西、广东、广西、四川、浙江等腹地	日本，中国台湾和中国香港
	珠三角邮轮港口群	广州	广东、福建、江西、湖南、广西、海南、四川、贵州、云南等腹地	日本，中国台湾，越南，菲律宾
	南海邮轮港口群	三亚	海南、广西、四川、贵州、云南等腹地	中国台湾和中国香港，越南、菲律宾
"一带"	中国沿海邮轮经济带	大连、天津、青岛、上海、厦门、广州、北海、三亚	华东地区、华中地区、华南地区、华北地区和西南地区等腹地	沿海海岸带

资料来源：李小年. 全球价值链视角下中国邮轮产业发展和制度创新 [M]. 上海：上海交通大学出版社，2020.

一、上海邮轮母港船供发展现状

上海是中国沿海邮轮航线的重要集中点和枢纽，作为中国重要的沿海港口城市，是"海上丝绸之路"的重要枢纽，能够以此作为通往全球各地的桥梁，乘坐邮轮一两天内即可抵达韩国等，不仅拥有极其突出的区位优势，也形成了卓越的交通优势。目前，上海作为促进中国东部地区邮轮旅游产业迅猛发展的重要阵地，在邮轮旅游经济发展方面取得了长足进展，在新兴产业中其经济增长速度最快、对区域经济发展影响最大。如今，上海邮轮码头及配套设施建设日益完善，具备"两主一备"的发展格局，即吴淞口国际邮轮港＋国际客运中心＋外高桥备用码头，邮轮产业发展势头强劲，旅客接待量明显扩大。其中，吴淞口国际邮轮港，作为中国首家邮轮旅游发展实验区和邮轮旅游门户港，2019年上海被评为"中国邮轮旅游发展示范区"，是亚太地区最繁忙的国际大型邮轮母港之一，具备"四船同靠"的综合运营能力，年通关能力达357万人次，2018年，接待邮轮375艘，旅客接待量超过271万人次。①

上海吴淞口地区从全局出发，做出了一系列着力延伸并优化邮轮旅游产业链的重要发展决策，希望能够在合理规划、稳健经营的基础上形成强大的邮轮经济效应，由政府、中投企业、中船集团等多家主体积极配合、协同合作，共同打造高档奢华邮轮产业发展联盟，创建一个规模庞大、功能丰富的"上海中船国际邮轮产业园"，40多家邮轮企业相继入驻上海宝山区。以中船集团等实力雄厚、信誉良好、行业影响力较大的企业为首共同创建国内第一支"邮轮产业基金"，正式入驻上海宝山区，首期计划面向全社会筹集300亿元促进并推动吴淞口邮轮旅游产业保持稳健、长效、有序发展。② 上海已经聚集了很多船供公司、仓储企业、蔬菜基地等，发展基础良好。另外，吴淞口国际邮轮港积极探索并建设"绿色港口"，着力打造为服务低碳绿色经济及生态环保的国际绿色经济样板港。2016年，该港口建成岸基供电一期项目并投入运行，是当时亚洲区域范围内创建的第一套邮轮岸电系统。如果550艘次邮轮在港使用岸电，年替代燃油量将达8900余吨，年减少二氧化碳排放28412吨，年减少二氧化硫排放80吨，既节能又减排。③

上海市于2018年底印发的《关于促进本市邮轮经济深化发展的若干意见》明确表示，要投入大量人力和物力构建邮轮船供物资分拨中心。

---

① 资料来源：广州日报. 国内首部邮轮经济报告出炉！邮轮上过周末，体验更多元［EB/OL］. https：//baijiahao. baidu. com/s？id＝1650347039460236792&wfr＝spider&for＝pc.

② 资料来源：国际在线. 上海宝山打造国内首个邮轮旅游发展实验区带领中国邮轮产业启航［EB/OL］. https：//baijiahao. baidu. com/s？id＝1608563915623659069&wfr＝spider&for＝pc.

③ 资料来源：第一财经.「看长江之变」上海宝山：邮轮经济迎下一个"黄金十年"［EB/OL］. https：//baijiahao. baidu. com/s？id＝1639451780062705254&wfr＝spider&for＝pc.

依托先进技术打造一个功能强大的上海邮轮物资平台，同时，要通过各种科学、合理的方法促进邮轮船供物资出口监管仓的构建与完善；在借鉴其他国家成熟经验的基础上立足于本国发展现状，针对上海邮轮船供物资制定严谨、规范、科学可行的退税制度。鼓励并引导本地公司参与国际邮轮船供业务，着力培养一批规模庞大、实力雄厚、信誉较高的邮轮船供骨干公司，进一步扩大国际邮轮企业的本地采购船供比例。积极完善并优化国际邮轮船供货柜转运制度，逐步形成"全球采购、集中配送"的运营模式，通过出台惠利政策，提供优惠等一系列方法引导更多国际邮轮企业在上海建立大型化、现代化、智能化的国际邮轮物资配送中心。①

　　但是，上海只供应少数邮轮船供食品和日常消耗品，2017年，邮轮船供总量仅4亿元人民币，市场占有率与行业地位严重不匹配，与欧美市场上百亿美元的成熟船供市场存在巨大差距，发展尚不成熟，未能充分释放邮轮船供市场的经济效益。②

二、天津国际邮轮母港船供发展现状

　　天津国际邮轮母港，是中国北方地区运营规模最大的邮轮母港，其实力雄厚，与中国目前最大保税港区——天津东疆保税港区相邻，是中国第二家邮轮旅游发展实验区，在亚洲邮轮旅游体系中有相当重要的地位。天津东疆保税港区作为中国第一家且仅有的一家承接邮轮运营业务的自由贸易试验区，不仅有着极其优越的地理位置优势，在运营和发展方面也得到了国家的大力支持，年设计旅客吞吐能力92万人次，最大靠泊能力达22.5万吨级。③ 2018年，天津国际邮轮母港共接待116艘邮轮，

---

① 资料来源：中国水运报.中国邮轮经济正进入全产业链发展新时代［EB/OL］.http：//www.zgsyb.com/news.html？aid＝527416.

② 资料来源：中国上海自贸试验区.亚洲第一、全球第四，上海探索复制推广上海自贸区制度创新等举措，继续做大做好邮轮旅游这块"蛋糕"［EB/OL］.https：//www.sohu.com/a/243314392_815543.

③ 资料来源：每日新报.三年来天津口岸迎首艘国际邮轮［EB/OL］.http：//epaper.tian-jinwe.com/mrxb/html/2023－07/12/content_19045_7932593.htm.

旅客接待规模超过 68 万人次。① 天津国际邮轮母港及中国（天津）自由贸易试验区周边的基础设施优越、辐射国际市场辽阔、交通运输便捷、政策平台优越，拥有打造邮轮配送基地得天独厚的全方位优势。天津市是中国北部环渤海旅游区域的重要中心城市，腹地广阔，背靠京津两大城市，拥有华北地区、西北地区市场，包括歌诗达邮轮等在内的多家全球赫赫有名、实力雄厚的邮轮企业入驻通航，目的地以日韩为主。天津国际邮轮母港依托城市规划布局以邮轮休闲与航运服务为主，建设集旅游休闲、商贸会展等多种服务功能于一体的休闲旅游综合商务区，建成中国北方最大的自由贸易港区。通过保税贸易方式开展邮轮岸上配送业务，以邮轮母港为点，打造邮轮旅游岸上配送中心。

2015 年，天津东疆保税港区被确立为天津自由贸易试验区核心片区，区域内集港口、保税区等多项功能和政策于一体，是国家确立的北方国际航运中心，拥有打造邮轮旅游岸上配送中心得天独厚的全方位优势。国务院印发的《中国（天津）自由贸易试验区总体方案》表明，全力提高邮轮旅游供应服务水平，进一步完善和优化配套设施，积极打造规模庞大、功能丰富、服务高效的邮轮旅游岸上配送中心。② 2017 年，歌诗达邮轮公司（隶属全球最大的嘉年华邮轮休闲旅游集团）与天津东疆保税港区签署内容包含"打造首个亚洲邮轮物资分拨配送基地，进行邮轮船供物资采购、配送等物流业务"的合作备忘录。③ 随后，天津东疆保税港区举行了"歌诗达—京津供应商对接洽谈会"系列活动。邮轮口岸管理单位、政府部门、行业协会、国际邮轮公司、供应商、第三方物流公司等参加，搭建了业务交流合作平台。④ 2017 年 9 月，由歌诗达邮轮公司采购，从意大利热那亚港发出的进口集装箱食品物资配送歌诗达"幸运

---

① 资料来源：中华人民共和国文化和旅游部. 资源开发司调研天津邮轮旅游发展情况 [EB/OL]. https：//www. mct. gov. cn/whzx/bnsj/zykfs/201909/t20190924_ 847016. htm.

② 资料来源：国务院公报. 国务院关于印发中国（天津）自由贸易试验区总体方案的通知 [EB/OL]. https：//www. gov. cn/gongbao/content/2015/content_ 2856600. htm.

③ 资料来源：东疆商会. 歌诗达邮轮和天津东疆保税港区签署合作框架备忘录 [EB/OL]. https：//www. dongjiang. gov. cn/contents/40/4680. html.

④ 资料来源：投促局. 歌诗达—京津供应商对接洽谈会圆满成功 [EB/OL]. https：// www. dongjiang. gov. cn/contents/22/7637. html.

号"，天津国际邮轮母港完成全国首例利用自由贸易试验区、保税港区的通关通检便利化政策，通过保税贸易方式开展的国际进口物资邮轮配送业务创新尝试。2019 年初，一批天津本地采购的船供食品在东疆保税仓内存储，完成出口退税后，成功供应外籍邮轮，是全国首例实现国内采购以保税贸易方式进行的邮轮船供配送业务。2019 年 11 月，由地中海邮轮公司采购，从美国迈阿密港发出的进口集装箱食品物资成功在天津东疆保税港区配送到地中海"辉煌号"邮轮，自此，国际进口物资通过保税贸易方式供应邮轮在天津实现常态化运作。①

三、广州南沙国际邮轮母港船供发展现状

广州南沙国际邮轮母港，位于中国（广东）自由贸易试验区内的南沙新区片区，以南沙为中心 60 千米半径范围内，有 14 个大中城市，腹地辽阔，是港澳向内陆地区拓展、内陆地区借助港澳通向国际市场的双向通道和重要平台，地理区位优势明显。广州南沙国际邮轮母港是单体规模最大的邮轮母港，规划建设 4 个 10 万～22.5 万吨级邮轮泊位，岸线总长约 1600 米。一期工程岸线总长约 770 米，邮轮泊位数 2 个，年设计旅客通过能力为 75 万人次。② 广州南沙国际邮轮母港共开通 9 条国际航线，邮轮旅游目的地共 12 个，涵盖日本、越南和菲律宾等，是国内开往东南亚邮轮旅游航线最多的邮轮港口，邮轮旅游产品丰富。

广州作为东南沿海地区经济高度发达的城市之一，是中国南方极其重要的国际综合交通枢纽。南沙区附近区域汇集广深港高铁、京港澳高速等，只需要数十分钟即可抵达广州市区，和高铁广州南站距离也比较近，车程约为三十分钟。广州南沙国际邮轮母港将邮轮与地铁、公交等多种交通方式紧密联系，是国内第一家成功实现与母港地铁交通无缝接驳的邮轮母港。

---

① 资料来源：天津自贸区东疆保税港区. 保税贸易供应邮轮在东疆实现常态化［EB/OL］. https：//www. dongjiang. gov. cn/contents/22/8729. html.

② 资料来源：中国新闻网. 中国规模最大邮轮母港综合体开港运营 位于大湾区地理几何中心［EB/OL］. https：//baijiahao. baidu. com/s？ id = 1650425291426135346&wfr = spider&for = pc.

随着 2015 年底首条国际邮轮旅游航线的开通，邮轮旅游行业的迅猛发展为我国广州旅游市场的扩展并获取丰厚的经济效益提供了强大支持。2016 年，广州南沙国际邮轮母港接待邮轮 104 艘次，旅客接待量达 32.6 万人次，首年邮轮旅客吞吐量规模跃居全国第三，在当年中国邮轮母港中吞吐量增速最快。[①] 广州南沙国际邮轮母港同时配套建设国际航运物流中心、海员之家等大型商业配套设施，建筑面积共约 50 万平方米，是国内规模最大的邮轮母港商业综合体。南沙国际邮轮母港一期工程、二期工程建成后，有 3 个邮轮泊位、2 座专用航站楼、年旅客通过能力至少达到 150 万人次，被公认为首座集邮轮旅游、港澳客运等多功能一体化的广州水上国际旅游邮轮客运交通枢纽。[②]

广州南沙国际邮轮母港具备优越的区位优势、日臻完善的交通条件、充足的旅游客源保障以及当地政府的优惠政策和资金支持，与国内正在营运的其他邮轮母港相比，其全面改善了交通疏导、航站楼设计等方面的问题。此外，南沙国际邮轮母港采用了先进的人脸识别、邮轮管控系统等高科技，口岸出入境查验通道的数量位居国内前列，极大提高了旅客的通关查验效率。通关联检设计将海关和边检"合二为一"，满足了大进大出、快进快出的口岸通关查验需求。在自由贸易试验区优惠政策的支持下，广州南沙重点经营邮轮旅游、航运物流、融资租赁等业务，将进一步促进广州南沙邮轮产业总部经济迅猛发展，设立规模庞大、功能完备的保税仓库，为邮轮母港运营提供产业配套服务和生活配套服务。

第二节　国外邮轮船供发展现状

一、美国迈阿密国际邮轮母港船供发展现状

美国迈阿密邮轮码头，作为全球最大的国际邮轮码头，也是规

---

① 资料来源：广州市人民政府. 广州邮轮产业跻身第一梯队 ［EB/OL］. https：//www. gz. gov. cn/xw/gzyw/content/post_ 2844578. html.

② 资料来源：广州市南沙区人民政府. 南沙新邮轮母港运营发展规划 ［EB/OL］. http：//www. gzns. gov. cn/zfxxgkml/gzsnsqwhgdlytyj/zwdt/content/post_ 5362039. html.

模庞大、发展水平较高的国际邮轮母港，港口的邮轮年度停泊周转量在全球范围内首屈一指。迈阿密港海岸线全长约2千米，港口泊位水深不少于12米，其港口泊位线更是达到约8.7千米，其中，可为邮轮提供靠泊服务的区域长达约2.6千米，拥有12个超级邮轮停泊码头，可同时停泊20艘邮轮。有关资料显示，目前迈阿密港有8个客运码头，23条邮轮航线，可停泊55艘船。① 2018年，美国迈阿密邮轮港接待邮轮1220艘次，游客接待量突破559万人次，全年总航线数为22条。②

　　每年到美国迈阿密乘坐邮轮旅游的游客人数，大约占全世界邮轮游客总人数的1/7，迈阿密的邮轮业每年可以带来高达120亿美元的产值，为迈阿密创造了极其丰厚的经济收益。③ 全世界接近70%邮轮的出发地来自北美，其中70%的出发地是迈阿密。④ 在全球享有盛名的邮轮企业，如，挪威邮轮、嘉年华邮轮等，有15家都以迈阿密邮轮母港作为其总部基地。⑤ 良好的港口基础，促进了迈阿密国际邮轮母港邮轮船供快速发展，具体而言，迈阿密国际邮轮母港的船供发展优势得益于其优越的地理位置、便捷高效的内外交通、完善的配套服务设施和功能完备的物资配送中心，迈阿密国际邮轮母港的邮轮船供发展优势，如表3-2所示。

---

　　① 资料来源：E邮轮网. 迈阿密游轮码头介绍（迈阿密港口介绍）［EB/OL］. http：//m. eyoulun. com/youlunlvyou/youlunchuguoyou/178344. html.

　　② 资料来源：汪泓. 邮轮绿皮书：中国邮轮产业发展报告（2019）［M］. 北京：社会科学文献出版社，2019.

　　③ 资料来源：海事服务网. 迈阿密邮轮母港简介（一）：拥有12个超级码头［EB/OL］. https：//www. cnss. com. cn/html/ylsc/20180503/310714. html.

　　④ 资料来源：海南自由贸易港. 什么是邮轮母港？［EB/OL］. http：//mp. weixin. qq. com/s?__biz = MzU5NjgxMDg3OA = = &mid = 2247489296&idx = 2&sn = 45900a11b19d89ca7043770f0774ac47&chksm = fe5c5a01c92bd31773252f6d453e1a5d461be98cc5a8a75828016148da7713d6c71 08d49a51c&mpshare = 1&scene = 23&srcid = 07201dPOpCi0xdnmxWJy2kEB&sharer_ sharetime = 1689855215365&sharer_ shareid = f82553036640276a2f0c984d74d22fec#rd.

　　⑤ 资料来源：水上物流网. 迈阿密邮轮码头周边交通（迈阿密邮轮线路）［EB/OL］. http：//www. shuishangwuliu. com/391421. html.

表 3 - 2 迈阿密国际邮轮母港的邮轮船供发展优势

发展优势	具体情况
优越的地理位置	背靠经济活跃、物资丰富的美国加利福尼亚州和美国南部各大城市，供给便利，商品和所需货品均可在迈阿密邮轮母港完成大量采购和补给。迈阿密邮轮码头坐落于市中心海滩的核心地带，大量的游客以迈阿密为始发港和周转港，在迈阿密开始乘坐邮轮的旅程，迈阿密邮轮母港还可以作为游客去往世界各地其他邮轮旅游港口城市的中转站
便捷高效的内外交通	迈阿密国际邮轮母港邮轮码头和迈阿密市内的 2 个国际机场相距比较近，分别为 10 千米和 50 千米。在迈阿密邮轮码头登船的游客中，多达 4/5 的游客乘坐飞机抵达。游客可通过多条专用线路和多种运输方式快速、高效、便捷地前往迈阿密邮轮码头，该码头与市中心相距非常近，游客只需花费数分钟即可抵达当地餐馆、商场等地进行消费
完善的配套服务设施	全球最大、设施最健全、最先进的迈阿密国际邮轮母港，为全球范围内很多邮轮企业提供了完善周到、高效便捷的停泊服务，极大地刺激了其船供物资需求。邮轮物资运输至迈阿密邮轮码头之后，完善周到的邮轮码头服务设施能够在积极配合、协同合作的基础上，将各类邮轮物资高效、便捷地装船。同时，迈阿密邮轮港拥有各种先进的安全管理系统，如，货物与客流分离管理系统等，各类系统为迈阿密邮轮港口安全管理效率及水平的提升提供强大支持，使货流、客流之间实现了清晰明确的划分，既有助于改善货流效率，也能保证旅客享受近乎完美的服务，从而使邮轮服务效率、水平得到全面提升
功能完备的物资配送中心	建有大型、专业的邮轮物资配送中心，可提供专业的仓储服务、分拨服务以及运输服务，确保各类物资能够及时、高效地运输至指定区域，以有效地满足多元化、个性化的客户需求。邮轮在海上会消耗非常多的日用品，所有物资都要印制邮轮企业的专属标识（LOGO），因此，一般直接由邮轮母港负责大量补给。如需在其他港口补给时，其各类易耗品均通过海运方式进行配送补给

资料来源：笔者根据 http：//m. eyoulun. com/youlunlvyou/youlunchugouyou//178344. html 网站和殷翔宇. 国际邮轮物资配送经验［J］. 水运管理，2013（7）：25 - 28 的相关资料整理而得。

二、韩国釜山国际邮轮母港船供发展现状

韩国海洋资源尤为丰富，独特的地理位置决定了该国拥有丰富的港口，凭借这一得天独厚的优势以及国家政策的大力支持，其海洋邮轮旅游业尤其发达。作为亚洲庞大先进的邮轮市场，韩国在国际邮轮旅游航线中扮演着极其重要的角色，已打造了釜山和仁川两个规模庞大、设施齐全且服务水平高的邮轮母港。其中，釜山邮轮母港位于东南沿海一带，是韩国最大的集装箱港口，也是世界第六大集装箱港口，主要包括影岛

北港区、影岛南港区等。釜山邮轮母港的国际邮轮专用码头长、宽分别为360米和50米，除此之外，建造了占地面积达2122平方米的国际客运大厦，由免税店、纪念品超市等构成，同时，建造了一个非常大的停车场。2012年5月，釜山港又建造了新的国际邮轮专用码头，同时，积极完善其配套设施，使得新码头的应用功能得到有效扩展，形成了一个多式联运交通枢纽，其停泊功能得到显著提升。① 很多邮轮企业积极在东北亚沿海地区布局并设置邮轮航线，纷纷将韩国釜山港视为其航线上不可或缺的核心挂靠港，在此开设了邮轮船供物资补给业务。这些利好条件为韩国釜山港的邮轮船供发展提供了助力，总的来说，釜山国际邮轮母港的船供发展优势，得益于其优越的地理位置、具有吸引力的优惠政策、高效的港口物流效率、功能完备的物流中心。韩国釜山国际邮轮母港的邮轮船供发展优势，如表3-3所示。

表3-3　　　　　　　　韩国釜山国际邮轮母港的邮轮船供发展优势

发展优势	具体情况
优越的地理位置	韩国釜山国际邮轮母港位于日本、中国和东北亚经济带的中间地带，且位于连接亚洲—北美洲—欧洲的主航道上，其地理位置绝佳。与机场、市中心等相距较近，约仅40分钟、25分钟车程，为邮轮企业运输船供物资、及时供应消耗品等提供了可靠保障
具有吸引力的优惠政策	釜山港保税区作为东北亚最大的集装箱中转港口，为确保集装箱中转货物工作顺利开展出台了一系列优惠政策，同时，也从多方面给予强力支持，以期在扩大东北亚集装箱货物运输规模的同时，创造可观的经济效益。作为一个典型的自由港，釜山港内的所有邮轮物资均能够灵活自如地中转、运输等，无须一系列琐碎、复杂的手续流程，不仅有助于提高物流效率，而且，能够使得邮轮船供服务质量得到显著提升
高效的港口物流效率	该港口依托其自由港的特性，大幅精简了手续流程并提升了货物装卸效率，降低了物流成本。釜山港的物资补给设施更加完善先进，能够确保各类邮轮物资得到及时、精准地供应。因此，在物流服务中，釜山港备受多家先进、强大的国际邮轮企业的信任和赞誉
功能完备的物流中心	作为东北亚区域规模最大、服务水平较高且基础设施比较完善的邮轮物流中心，釜山港的形成与发展为及时供应邮轮物资提供了可靠保障，既能够供应淡水资源，也能够提供各种易耗品等

资料来源：笔者根据殷翔宇. 国际邮轮母港邮轮物资配送经验［J］. 水运管理，2013（7）：25-28的相关资料整理而得。

---

① 资料来源：殷翔宇. 国际邮轮母港邮轮物资配送经验［J］. 水运管理，2013（7）：25-28。

三、新加坡国际邮轮母港船供发展现状

新加坡是亚洲最早发展邮轮产业的国家，有两个主要港口，即新加坡邮轮中心、新加坡滨海湾游轮中心。经过几十年的不懈探索和努力，新加坡的邮轮事业取得了长足发展，积累了更加成熟和先进的经验。新加坡国际邮轮母港已成为世界知名的国际邮轮母港，尤其是在东南亚区域，已成为重要的交通枢纽。有关资料显示，新加坡国际邮轮母港每年接待旅客超过七百万人次，并多次荣获"最佳国际客运周转港口"称号。[①]

新加坡邮轮中心已建成两个规模大、设施完善的泊位，泊位深达 12 米，可以同时靠泊 33 艘甚至更多国际邮轮，世界上最大的国际邮轮可以停泊于此。[②] 新加坡滨海湾邮轮中心设有 8 个泊位，最多可同时停泊 4 艘大型邮轮，同时接待 6800 名乘客。[③] 新加坡国际邮轮母港游客接待量在 2008 年 51.41 万人次基础上稳步上升到 2010 年的 100 万人次，并一直保持在 100 万人次的水平。[④] 2019 年，来自 30 个邮轮品牌超过 400 艘邮轮停靠新加坡港，当年旅客吞吐量同比增长超过 180 万人次。[⑤] 新加坡港建立时，是东南亚客流量最大的港口，也是该地区邮轮航线最频繁的主要邮轮母港。许多邮轮在马六甲海峡东部展开运营，从新加坡出发，穿过马六甲海峡，经过马来西亚到达日本、韩国和东亚其他国家，有 33 条国际

---

① 资料来源：海南自由贸易港. 什么是邮轮母港？［EB/OL］. https：//mp. weixin. qq. com/s？__ biz = MzU5NjgxMDg3OA == &mid = 2247489296&idx = 2&sn = 45900a11b19d89ca7043770f0774ac47&chksm = fe5c5a01c92bd31773252f6d453e1a5d461be98cc5a8a75828016148da7713d6c7108d49a51c&scene = 27.

② 资料来源：新加坡旅游. 新加坡游轮中心［EB/OL］. https：//www.visitsingapore. com. cn/travel-guide-tips/travelling-to-singapore/singapore-cruise-centre/.

③ 资料来源：新加坡旅游. 新加坡滨海湾游轮中心［EB/OL］. https：//www. visitsingapore. com. cn/travel-guide-tips/travelling-to-singapore/marina-bay-cruise-centre/.

④ 资料来源：中国港口. 新加坡邮轮母港的运营之道［EB/OL］. https：//www. cnss. com. cn/old/221691. jhtml.

⑤ 资料来源：航运界. 时隔两年，东南亚港口首次迎来邮轮停靠［EB/OL］. https：//caifuhao. eastmoney. com/news/20220704171302179315130.

邮轮航线。[①] 新加坡旅游局统计数据显示，2010 年，新加坡邮轮产业创造的经济收入超过 5. 2 亿美元，其中，邮轮配套产业（如，邮轮维护、邮轮船供等）总贡献收入为 3. 03 亿美元，而国际邮轮船员的消费金额为 0. 9 亿美元。2011 年，赴新加坡旅游人数增加一倍，达到 1320 万人次。[②] 港口良好的发展态势为新加坡国际邮轮母港的邮轮船供发展提供了有力支撑。具体来说，新加坡国际邮轮母港的船供发展优势，得益于其便捷高效的公共交通、完善的港口配套设施、先进的港口建设理论及邮轮母港产业链组团发展思路。新加坡国际邮轮母港的邮轮船供发展优势，如表 3 - 4 所示。

表 3 - 4　　　　　　　新加坡国际邮轮母港的邮轮船供发展优势

发展优势	具体情况
便捷高效的公共交通	新加坡国际邮轮母港背靠新加坡圣淘沙港湾区域，码头与岛屿之间的距离短，游客方便去岛上的购物中心商场。在新加坡国际邮轮母港，可通过便捷、快速的交通工具抵达周围旅游城市，在前往机场的线路上，向旅客推出了全天候、不停歇的交通服务，旅客可根据个人偏好或者需求通过出租车或者公交车等各种交通方式前往目的地
完善的港口配套设施	新加坡圣约翰岛建造了很多休闲娱乐设施，比如，海洋水族馆等，除此之外，还修建了举世闻名的星级酒店等一系列综合配套服务设施。新加坡滨海湾邮轮中心周边区域已陆续建成了多项新加坡标志性建筑，与新加坡滨海湾邮轮中心共同成为完整的商务设施和休闲设施
先进的港口建设理念与邮轮母港产业链组团发展思路	在港口建设中重视发挥其辐射效应，推动新加坡旅游、商业及金融服务集群的发展。以新加坡滨海湾邮轮中心的规划与建设为例，无论是在开辟综合商业方面，还是在完善配套设施过程中，均全面、深入地分析了新加坡邮轮母港产业链组团综合发展空间的需求，新加坡滨海湾邮轮中心建设在滨海湾 CBD 一带，附近区域包括休闲、商业等在内的多功能办公服务区，为邮轮物资及时、高效供应提供了可靠保障，而运营规模持续扩大的邮轮企业也在很大程度上推动了当地经济发展，为邮轮母港产业链的进一步扩展提供了强大支持

资料来源：笔者根据李涛涛，叶欣梁，蔡二兵. 新加坡邮轮母港的运营之道 [J]. 中国港口，2016（2）：21 - 23 的相关资料整理而得。

---

① 资料来源：新加坡旅游. 新加坡滨海湾游轮中心 [EB/OL]. https：//www. visitsinga-pore. com. cn/travel - guide - tips/travelling - to - singapore/singapore - cruise - centre/；海角旅游. 新加坡邮轮有哪些线路（探索新加坡邮轮旅游的精彩之处）[EB/OL]. https：//www. haijiao. cn/post/2888077. html.

② 资料来源：中国港口. 新加坡邮轮母港的运营之道 [EB/OL]. https：//www. cnss. com. cn/old/221691. jhtml.

第三节　中国邮轮船供发展面临的机遇与挑战

一、中国邮轮船供发展面临的机遇

随着北美邮轮旅游市场的增长逐渐趋于饱和，许多大型国际邮轮集团的发展重点转向欧洲和亚洲。目前，亚洲在世界邮轮市场中，不再仅扮演巡游目的地的角色，而是成为重要的国际旅游客源市场，越来越多的邮轮集团考虑将主要固定班期的大型邮轮配置于此。中国不仅是夏季国际邮轮旅行航线在亚洲的主要起始点和目的地，而且，是冬季国际邮轮旅行航线在亚洲的主要停靠点，与此同时，作为邮轮全世界环游中旅行航线的必经之地，越来越多的国际邮轮企业青睐这个邮轮市场。从2006 年开始，国际知名邮轮逐步进入中国市场，中国的邮轮行业一路高歌猛进。各大国际邮轮公司看中了中国巨大的客源潜力，美国的皇家加勒比邮轮公司、意大利的歌诗达邮轮有限公司、新加坡的丽星邮轮公司、瑞士的 MSC 地中海邮轮公司、美国的公主邮轮公司纷纷将大型豪华邮轮布局在中国沿海港口，开辟始发出境游航线。截至2018 年，中国一跃成为世界上第二大邮轮市场，中国多个邮轮母港已经成熟运营，国际主要邮轮公司不断有新的邮轮在中国邮轮港口投放并运营。

在邮轮旅游产业快速发展的形势下，中国政府对邮轮旅游产业的发展日益重视，加大对邮轮产业发展的政策扶持和资金支持，我国"一带一路"倡议、《中华人民共和国国民经济和社会发展第十三个五年规划纲要》《内地与香港关于建立更紧密经贸关系的安排》（CEPA）及中国自由贸易试验区等一系列发展战略，均包含了邮轮旅游产业发展。2006 年6 月，国家发展和改革委员会出台的《促进我国邮轮业发展的指导意见》，是中国关于发展邮轮旅游产业的第一份政策性文件，国家层面和地方层面的一系列政策性文件也相继出台，如，《全国沿海港口布局规划》（2006 年）、《全国沿海邮轮港口布局规划方案》（2015 年）、《关于促进我国邮轮经济发展的若干意见》（2018 年）等，为中国邮轮旅游市场注入新动能，对于中国沿海地区邮轮业的重要基础配套设施建设进行了战略性的总体布局。经过十余年的快速发展，从萌芽阶段到快速发展阶段再到稳健发展阶段，中国推动邮轮产业发展的战略目标逐步明晰，邮轮港口的相关配套设施逐步完善，为推动邮轮船供发展提供了良好的产业政策保障和支持。

二、中国邮轮船供发展面临的挑战

虽然中国邮轮船供发展面临着良好的市场发展环境和有利的政策环境机遇，但是，中国邮轮船供物资受到船供贸易形式、物流运输、检验检疫制度等多方面因素的限制，致使中国邮轮船供发展面临诸多挑战，具体有以下七个方面。

（一）邮轮船供体系有待完善

国际上公认的邮轮船供体系最完整的是美国迈阿密的邮轮船供体系，尽管中国的上海、天津等地也参照其邮轮船供体系，对现有码头、厂房等资源和设施进行了整合，计划建立一个国际邮轮船供物资配送中心，具备采购、监管、配送、结算等功能。但是，相对美国迈阿密的邮轮船供体系来说，中国仍处于起步阶段，物流运营水平和自动化管理水平均较低。有关资料显示，船舶物料自动化供应企业运营管理系统（management tracking system，MTS）是专门针对船舶物料企业和食品供应企业而研发的业务、财务一体化企业信息管理系统，是迄今为止相对先进的船供信息管理系统，但是，采用船舶物料自动化供应企业运营管理系统的船供公司不到十家，另外三百多家中小公司并未使用统一的信息管理系统，在物流体系联盟化对接上造成障碍。

（二）船供物流网络专业化水平低

国内邮轮船供在港埠设施、旅运大楼、物料补给服务、整合相关产业以推动港埠成为邮轮物流服务枢纽中心，进行物流补给、逆向物流处理、简易维修等方面，与北美洲及欧洲著名邮轮港口的软硬件设施相比，仍存在很大差距。国内从事船供的企业规模小、仓库乱、专业性差、水平参差不齐、缺乏设计专业的物流网络，影响中国邮轮船供业发展。

（三）邮轮船供产业链效率低

随着中国经济实力的增强，邮轮船供服务市场不断发展和开放，越来越多的船供企业参与到邮轮船供业务市场竞争中，导致船供利润率快速下滑。在邮轮船供业务中，邮轮本地采购的船供物资，具有批量大、时效性强、价值低的基本特征，船供企业为及时、有效地响应邮轮公司的采购订单，需要充足的库存，还要接受邮轮公司的付款账期（通常为2个月左右或更长）。同时，需要承担装卸费用和物流成本，需要充足的资金，邮轮船供业务利润不断降低。因此，邮轮船供企业只有扩大业务规模，才能实现微薄的收益，其投入与产出比例已经失衡。在传统的邮轮船供业务中，邮轮公司往往需要在有限的时间内完成船供物资的组织、通关、检验、装卸等一系列流程，这是一个极其烦琐的邮轮供应链管理体系，该体系中任何一个环节出现纰漏，都有可能直接影响一艘邮轮的正常运营。因此，邮轮公司不仅需要确保船供质量和船供效率，而且，需要专注于采购管理及产品质量把控，这直接导致了邮轮公司无法集中优势资源提高产品质量和服务质量。目前，中国邮轮船供业务的信息服务平台未统一化，不能有效地衔接邮轮公司、船供企业、物流服务以及港口作业等一系列环节，简化中间环节，实现信息共享。只有升级邮轮船供产业链，才能真正实现邮轮公司与船供企业双赢的局面。

（四）邮轮船供出口退税壁垒

在自由贸易体系下，拥有庞大专业的全球采购体系的邮轮集团，在全世界范围内采购的境外船供物资，从其他国家的港口通过海运方式转运到其母港，船供操作非常方便。但按照中国现有的食品进口监管模式和贸易模式，境外食品抵达中国，上岸后再供船，是按照一般贸易方式，属于先进口、再出口，有很多限制条件，即使允许进口，也要经过烦琐的审批流程和通关流程，耗费时间长。另外，出口退税是中国为促进邮轮企业参与国际贸易竞争、鼓励国内出口企业购买国内物资扩大内需，进而促进并拉动区域经济发展而做出的政策设计，出口退税率最高可达17%。但是，这项出口退税优惠政策，在中国船供企业向境外的邮轮供应物资时却不能直接享受，参照的供应标准是普通货轮，被视为非贸易退税行为，因此，不能直接享受出口退税。这使得中国邮轮船供的成本大幅增加，削弱了国际市场竞争力。2015～2017年，抵达上海吴淞口的邮轮，不到20个邮轮航次按新监管模式享受了此项出口配送服务，与其大幅增长的邮轮靠泊船只和游客数量相比，船供物资贸易流量黯然失色。

（五）食品检疫检验监管模式制约

全球最大的两家邮轮公司均将其邮轮物资配送中心设立在美国。尽管境外船供食品的最终流向不是国内市场而是邮轮，根据《中华人民共和国进出境动植物检疫法》相关检疫规定，大量动植物、进口食品无法通过中国保税渠道进口再供应上船。① 随着境外食品保税供应量的不断增加，例如，天津口岸的一份邮轮食品供应清单中，有一批来自法国、意大利等国家的进口食品，如，奶酪、奶油、牛奶、意大利面、酱、橄榄油等部分进口品种。此类食品的供应商都是进口商，进口商进口此类境外食品，以一般贸易形式报检、送检，检验检疫合格后，供应邮轮。按照正常的进口食品检验检疫流程，上述食品进入国内到供应邮轮，需要30~45天。因此，一是不能保证食品的新鲜度；二是不能保证船期；三是占用供应商的人员成本、物流成本、资金成本，在很大程度上降低了此类商品从国内供应的可行性，限制了邮轮的国内采购，影响了国内邮轮船供食品供应链的发展。

（六）食品安全问题

近年来，在中国邮轮船供市场延伸扩展化的过程中，面临食品安全问题。3000~4000人载客量的大型邮轮，每天要制作的食物量庞大，不到位的食品安全管控措施将导致食品安全隐患。在竞争越来越激烈的邮轮船供市场，一些邮轮公司打起了低价战，而为了保证航班的基本盈利，又在邮轮服务品质上打折，以致由低劣食品引发的海上公共安全事件时有发生。为解决邮轮食品安全问题，中国各地相关部门也尝试了一些新监管方法，如，2015年上海海关简化了境外船供物资通关流程。上海出入境检验检疫局出台《过境供邮轮食品供应链检验检疫管理规定（试行）》，推出全国首个邮轮检疫监管综合性检查方案，试行邮轮卫生指数（CQI）检查机制。② 天津海关通过现场查验和实验室快速筛查源头把好

---

① 资料来源：国家质检总局. 中华人民共和国进出境动植物检疫法［EB/OL］. https：//www. gov. cn/zlzt/gzqlg/content_ 104276. htm.

② 资料来源：新民晚报. 立足亚洲最大邮轮港，建设邮轮旅游度假区，宝山将打造"一区一港两高地"［EB/OL］. https：//baijiahao. baidu. com/s? id＝1771122208263987345&wfr＝spider&for＝pc.

食品安全质量关，有效防控食源性疾病的传播和发生。①

（七）邮轮应急管理体系待完善

邮轮应急物资是应对突发公共卫生事件的基础与保障，其保障能力建设是邮轮公共卫生事件应急处置成功的关键。在邮轮突发公共卫生事件中，旅客和船员心理恐惧、邮轮应急物资不到位等导致的次生灾害，对邮轮安全提出了巨大挑战，也对邮轮港口应急物资储备布局提出了更高要求。邮轮旅游的发展离不开邮轮港口的支撑，邮轮港口作为邮轮服务的重要节点，是联系内陆腹地和海洋旅游的一个天然界面，面对日益严峻的全球疫情形势要应对双重挑战（Pallis et al.，2021）。一旦应对不及时将造成不良的社会舆论，从长远发展来看，中国邮轮港口应急物资布局的准备效率也面临着严重的问题和重大挑战，比如，邮轮港口城市应急物资储备方式比较单一，可能造成救援效率低，港口应急物资储备水平参差不齐、整体布局考虑不足，导致应急物资储备不足等问题。

综上所述，蓬勃发展的中国邮轮旅游市场环境，吸引越来越多国际邮轮企业投放新运力并以中国邮轮港口为邮轮母港开展运营，给中国邮轮船供发展带来新的机遇。同时，中国邮轮船供发展过程中也面临不少挑战。如，本地采购的船供物资无法享受出口退税政策，使得国际邮轮公司在中国本地直接采购的船供物资价格，相对"全球采购、全球配送"模式下采购的相同中国物资价格来说并无优势，这严重影响了国际邮轮集团在本地采购船供物资的积极性，致使本地采购数量有限。另外，中国船供监管流程烦琐，境外物资邮轮母港供船的操作不便利，对邮轮的正常运营和航线安排都有影响。因此，国际邮轮集团也希望能够推出更多优惠政策支持本地采购，在投放运力较多的亚洲区域建立邮轮船供物资配送中心，船供能够更好地享受出口退税的相关政策优惠。根据前文分析可知，中国正不断加大对邮轮船供市场发展的政策支持力度。

根据国内外邮轮船供发展现状及中国邮轮船供发展面临的机遇和挑

---

① 资料来源：中国质量新闻网. 天津海关强化国际邮轮食品安全保障 [EB/OL]. https：//www. cqn. com. cn/cj/content/2018 - 05/25/content_ 5836472. htm.

战可知，当前亚太地区邮轮母港的邮轮船供，在码头软硬件服务配套设施、政策环境、物资规模等方面，与北美洲及欧洲著名邮轮母港仍有一定差距，且北美洲及欧洲著名邮轮母港都十分重视邮轮物资配送，把邮轮船供作为提升邮轮母港竞争力的重要组成部分。中国邮轮船供物资供应链，应以提高邮轮船供物资配送效率、完善船供物流网络、完善母港船供物流功能、建立适应"全球采购、全球配送"运营模式的国际邮轮船供物资配送中心、充分施展保税仓库的作用为发展方向，才能有效地降低中国邮轮船供物资供应链成本，提升中国邮轮船供国际竞争力。另外，需要完善中国邮轮应急物资布局，以应对各类突发公共卫生事件，提高应急救援处置效率，推动中国邮轮业健康、可持续发展。

第四节　邮轮船供物资供应链优化问题分析

邮轮船供物资，作为邮轮产业链下游产业的重要一环，涉及食品、生活必需品等日常消耗品的供应，需求量庞大，是普通船舶的百倍之多。目前，国际邮轮在中国采购的物资，与国际邮轮公司亚洲航线全球采购量相比，占比仅约为 10%，数量极少，邮轮船供市场未来的发展潜力巨大。随着中国邮轮旅游市场的高速增长，在中国运营母港航线的邮轮公司、母港邮轮逐渐增多，完善邮轮船供功能，既有助于保障邮轮运营，便于航线规划，也有助于邮轮公司统筹物流业务，降低成本。如何提升供应通道效率，打造高效、可靠的邮轮船供物资供应链，作为推动邮轮经济快速发展的有效动能，是本书需要研究的问题。

邮轮船供物资供应链系统是一个十分复杂的系统，针对本章的中国邮轮船供发展面临物流网络、保税供应、食品安全、应急管理等方面的问题，以邮轮船供物资作为研究对象，从系统角度出发，从邮轮船供物资供给和需求两方面考虑，选取邮轮船供物资供应链系统中配送、采购、库存、物流服务供应商评价、供应链网络等关键问题进行研究，具体有以下五点。

一、配送优化

当前，亚太地区的邮轮物资补给发展，与北美洲及欧洲著名邮轮港口的软硬件设施仍有差距，亚太各国或地区邮轮港口规模和起步虽然相差甚远，但是，都十分重视邮轮船供物资配送的发展，把邮轮物资补给作为提升邮轮母港竞争力的重要组成部分。在全球集中采购模式下，本地采购规模日益扩大，本地采购可以有效地降低远程运输成本，同时，能满足保鲜需求。随着邮轮母港本地食品质量的提升，物料资源基本满足需求，邮轮公司更倾向于本地采购。在本地采购中，邮轮公司十分注重食品的可追溯性，即通过扫码可以查到食品的源头、运输过程等详细情况，以及供应商的资质和供应链（冷链）管理能力。邮轮公司从保鲜要求较高的瓜果蔬菜到酒店用品再到日常备件等，越来越多采用邮轮母港本地采购。

另外，国际邮轮补给点的移动性使得中国的许多邮轮港口，如，青岛港、厦门港、三亚港等，会有一定间歇性的船供物资补给需求，因此，难以长期稳定地确定国际邮轮在中国的固定补给点。同时，考虑到邮轮船供物资和普通货物入境存在较大差异，为了给予邮轮船供物资进一步的检验检疫便利，提高中国邮轮船供市场的竞争力，早日建成兼具国内采购、国际集装箱转运、国际空运、拆箱分装等功能的国际邮轮船供物资配送中心成为必然趋势。另外，很多邮轮母港所在城市，如，上海、天津等已申请建立与邮轮产业发展配套的海关特殊监管区域，建立了区港联动的快捷物流通道，以成熟的航线和货代运作模式为支撑，与周边区域物流形成良好的辐射带动作用，有利于船供物流集约化发展，有利于进一步打造综合型邮轮船供物资配送中心。

邮轮船供物资配送过程中的一个重要问题，是配送中心选址和配送优化，对物流配送效率、配送成本和配送服务质量都有直接影响。邮轮船供物资配送中心的主要功能是配送服务，通过接受供货商或生产厂家的船供物资，为下游邮轮配送。邮轮船供物资配送中心具有仓库的功效，还发挥着调度指挥、信息处理等作用，多品种、大批量的邮轮船供物资利用配送中心的流通设施及信息平台，经过分类、加工、拣选、配货及运输，为物流下游邮轮提供配送服务，在物流网络中具有重要的地位。在邮轮船供物资供应链系统中，配送中心是重要的枢纽节点设施，其选址对邮轮船供物资配送成本的影响很大，好的选址方案能有效地降低物流费用和运输成本，提高运输质量。邮轮船供物资运输费用是配送过程中成本的主要构成要素之一，是降低配送成本的关键，要确定邮轮船供物资运输成本最低的配送路径方案。因此，当港口的邮轮停泊量达到一定规模和需求时，在当地建立一定规模的专业邮轮船供配送体系和仓库，对邮轮船供物资进行集中检查及处理，能确保邮轮船供物资在预期时间内送达邮轮。邮轮船供物资配送网络，如图3-1所示。

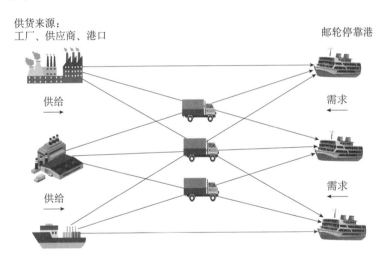

图3-1 邮轮船供物资配送网络

资料来源：笔者绘制。

邮轮船供物资配送网络优化的目标是，确定最佳的船供配送设施选址、数量、位置、任务和主要配送范围，一级网络中的存货配置等。在邮轮船供物资配送过程中，配送中心的选址适用于确定配送中心的位置和数量，进而降低配送成本并提高配送效率，邮轮船供物资配送网络优化问题是邮轮船供物资配送的重要组成部分，主要用于深入研究邮轮船供物资配送的各环节，并分析邮轮船供物资配送各环节间的相互关系。

在邮轮船供物资供应链系统中，从供给角度考虑选取配送这一关键环节，基于补给过程中短时间窗的特点，对配送中心选址—配送联合决策进行优化研究，不仅可以保证船供物资安全和质量，而且，能满足邮轮补给的时效性要求，减少货物分散到达港口而带来的交通负担，提高邮轮企业经济效益。邮轮船供物资配送网络优化，如图 3-2 所示。

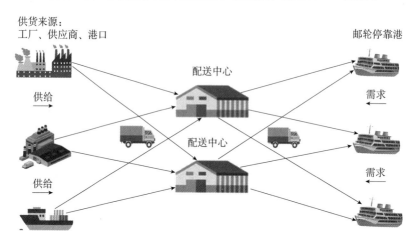

图 3-2　邮轮船供物资配送网络优化

资料来源：笔者绘制。

二、采购优化

与普通货船物资供应相比，邮轮船供物资采购具有以下四个特点。

（1）全球采购，与普通货船相比，邮轮载客量大，如，海洋量子号有 8000 多名客人，需要大量生活物资及其他备件，因此，邮轮公司非常重视采购成本。

（2）高频补给，邮轮通常用几天或几周实现出发和返回的循环。与货轮相比，邮轮船供物资消耗快，需要在短时间内补充。

（3）邮轮公司从供应商直接采购，货船从代理公司采购。

（4）需要一个枢纽来检查物资质量和物资安全，确保物资在预期时间内到达邮轮。

　　随着邮轮船供物资采购量不断增大，邮轮公司希望提前在境外采购船供物资并存储到保税仓库，从国内直接供船。如何在确保安全的同时，积极探索、打破传统模式，创新监管方式，支持邮轮船供物资境外采购保税供应，已刻不容缓。2017年6月，为适应国际"全球采购、统一配送"的运营模式，厦门邮轮母港率先创新"保税供船""进口直供"的新监管模式，即经境外采购的邮轮船供物资，通过运输进入中国境内后，以满足监管要求为前提，对直接转运至所需邮轮的船供物资只检疫、不检验。① "保税供船""进口直供"模式实施关检一站式作业，不仅极大地简化了保税供船食品的检验检疫监管流程及通关手续，而且，对发挥保税仓储的优势有重要作用。邮轮船供物资经过"快速通道"模式供应上船，大大提升了邮轮船供效率，降低了通关成本。2017年7月，邮轮保税物供"整进散出"的模式在厦门首次试行，即按邮轮运营计划，提前对保税船供物资统一采购，实行先期采购的物资经过入境集中报关后，在保税仓统一存放，再按邮轮每个航次的实际船供需求分批次供给邮轮。这种"点对面"模式，相比之前的"点对点"模式（即保税物资整柜申报入境并供船）来说，船供操作更加灵活，不仅缩短了补给前置期，还压缩了成本，更省时省力。在邮轮供应链全球化背景下，邮轮境外船供"点对点"模式，如图3-3所示。

　　在邮轮境外船供"点对点"模式的基础上，对邮轮境外船供物资大力推广"整进散出"模式，邮轮境外船供"点对面"模式，如图3-4所示，"整进散出"模式能极大地发挥中国保税仓的作用，改善因监管制度及报关流程带来的麻烦。因此，在邮轮船供物资供应链系统中，从供给角度考虑，选取采购这一关键环节，基于保税仓库对境外邮轮船供物资多品种联合订购问题进行优化研究，不仅可以提高境外船供物资供应效率，缩短补给前置期，而且，能有效地降低邮轮船供物资供应链成本。

---

　　① 资料来源：中国财经. 厦门启动邮轮物资"进口直供"解决邮轮物资进口难题［EB/OL］. http：//finance. china. com. cn/roll/20170612/4243920. shtml.

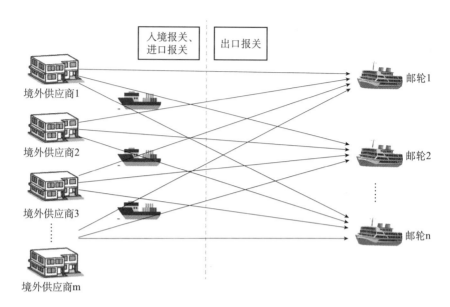

图 3 - 3　邮轮境外船供"点对点"模式

资料来源：笔者绘制。

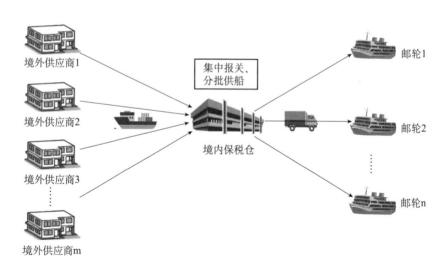

图 3 - 4　邮轮境外船供"点对面"模式

资料来源：笔者绘制。

三、库存优化

客户需求的不确定性是供应链中普遍存在的现象，一直制约着生产、库存确定。目前，邮轮产品的多样性和邮轮市场的激烈竞争，使得客户需求的多样性日益成为邮轮公司必然考虑的因素之一。与传统陆上酒店的最大不同之处在于，邮轮船供物资补给的不可弥补性，一旦驶离补给港口，在返港前再补给的成本是巨大的。虽然邮轮供应链规划中有采购规划，但是，准确掌握邮轮上游客的需求实际上是很困难的，需求的不确定性是邮轮船供物资供应链的难题。另外，邮轮的储藏舱容积有限。邮轮船供物资供应链系统中库存管理的核心，是降低成本和保证供应之间的平衡，考虑邮轮船供食品新鲜安全等因素，对具有短保质期的邮轮船供物资储备量进行科学预测、合理确定尤为重要。在一般条件下，通过对库存量的控制可以节约成本；在保证服务质量的前提下，通过合理储备可以提高邮轮运营过程中的服务水平。因此，在邮轮船供物资供应链系统中，从需求角度考虑时间窗的短保质期邮轮船供物资多阶段补给优化研究，对库存环节进行优化，不仅能提高邮轮公司的服务品质，而且，可以改善食品安全问题，促进邮轮船供业持续、健康发展。

四、物流服务供应商评价

邮轮运营涉及邮轮供应链上的多个企业，邮轮公司需要与邮轮供应链上的企业维持良好的伙伴关系。邮轮船供物资供应链具有全球性、时效性、不可弥补性等特点，与货轮船供相比有本质区别，具有较强的特殊性。邮轮停靠口岸时间短，船供作业仅几个小时，时效要求高，且所需物资包括本地采购和境外采购，品种多、总量大。因此，高效、协调稳定的供应链关系，能保障邮轮船供物流服务供应链应对诸多挑战，如市场动态配置、信息整合、快速反应等。为确保货源稳定、价格优惠及质量可靠，邮轮企业通常将邮轮船供物流服务外包。然而，目前，邮轮船供物流服务还缺乏大型物流企业，提供专业的保税仓库和物流网络。部分船供企业在规模、设施、专业性方面水平较低。近年来，邮轮旅游的热潮促进了邮轮船供的发展，然而，监管制度和市场条件的限制，使得如何引入适当的船供物流服务供应商进行有序竞争、提高服务质量，成为邮轮企业决策者亟须解决的问题。

五、邮轮应急物资布局

2020 年，邮轮公共卫生风险防控成为公众视野中的热点话题。邮轮属于大型聚集型旅游产品和人群聚集的海上载体，具有载客量大、人员密度高、旅客成分复杂、微小气候滞浊、聚集时间长、内部环境狭窄、医疗救治水平受限、饮食相对集中、航行地点多、旅行强度大等特点，极易出现邮轮传染病疫情突发公共卫生事件，导致诸如食物中毒，胃肠道、呼吸道等传染病多发，暴发呈群体性且难以有效控制，较长的航线导致连锁性疫病疫情传播扩散（Peake et al.，1999）。例如，美国疾病控制与预防中心（CDC）报告显示，每年平均有 10 艘停靠美国港口的邮轮会暴发由各类病源引起的传染性疾病。① 又如，2008 ~ 2009 年上海口岸先后发生"钻石公主号"和"精钻探索号"两起因诺如病毒感染引起的群体性食源性感染事件，2010 年"富士丸号"邮轮发生甲型流感群体性感染事件，② 各种邮轮突发公共卫生事件的发生给游客的身体健康和邮轮产业的发展造成了一定影响。

根据国际邮轮协会（cruise lines international association，CLIA）数据显示，2019 年全球邮轮游客数量超过 3000 万人次。为了应对需求增长并获得规模经济，邮轮船舶逐渐趋向大型化（其中，不乏可承载 8000 名乘客及船员的巨型邮轮）（Jones et al.，2017）。随着全球邮轮业的发展，中国以优越的地理位置、独具魅力的东方文化、丰富的旅游资源和潜力巨大的客源市场，成为亚洲邮轮市场的核心组成部分。邮轮旅游作为中国旅游业增长最快的部分之一，是对接"一带一路"倡议、深化改革开放、增强旅游外交和实施海洋强国战略的重要助力。新冠疫情的蔓延与演进，

---

① 资料来源：新民晚报. 邮轮绿皮书（2020）今发布：三大邮轮集团总市值蒸发超过 500 亿美元 邮轮卫生防控体系进一步完善［EB/OL］. https://baijiahao.baidu.com/s? id = 1683781618062072623&wfr = spider&for = pc.

② 资料来源：陈清国，荆良，陈佳奇，靳海彤. 传染性疾病病原体快速筛查及国际邮轮卫生检疫措施体系的建立［J］. 中国国境卫生检疫杂志，2012，35（1）：56 – 60.

引发了前所未有的全球健康危机和经济危机，邮轮业成为受公共危机影响最大的行业之一，新冠疫情对邮轮产业造成了潜在的结构性影响，甚至使中国邮轮业濒临休克。虽然受新冠疫情影响，但是，中国作为全球最大的邮轮新兴市场和全球第二大邮轮客源国的地位并没有改变，仍然是全球最大、最有潜力的消费市场，蕴含着巨大的增长空间。从长远发展来看，中国邮轮产业的产业基础、市场仍然未变，邮轮行业积极向好发展的基本面没有动摇，人们追求美好生活的愿望没有发生变化，同时，对旅游出行的安全性提出了更高要求。因此，邮轮安全，特别是邮轮公共卫生事件处置的研究和实践受到了行业、管理部门和公众的密切关注。如何在现有邮轮港口布局的基础上进行公共卫生应急物资的布局设计，是快速响应邮轮公共卫生事件应急处置的关键问题，已成为各国政府及邮轮产业关注的焦点。

第五节　本章小结

本章先以中国的上海、天津和广州的三个邮轮母港为代表，阐述了中国邮轮船供发展现状，然后，选取美国迈阿密、韩国釜山、新加坡的国际邮轮母港阐述国外邮轮船供发展现状及优势，分析、总结中国邮轮船供发展过程中面临的机遇和挑战，最后，提炼本书的主要研究内容。总的来说，本章包含一些基础叙述性的内容，为后续研究做理论支撑。

第四章 基于短时间窗的邮轮船供物资配送中心选址——配送优化

随着邮轮经济的不断发展，竞争日益激烈，建立高效的邮轮船供物资供应链是一项重要任务。然而，邮轮船供物资总量巨大、品类众多，需求碎片化，邮轮船供物资供应链系统涉及采购、加工、包装、配送、库存等多个环节，其效率直接决定邮轮运营服务水平。因此，邮轮船供物资配送中心应运而生。邮轮船供物资配送中心可以有效地减少生产与消费之间的流通环节，降低邮轮公司库存，提高旅客消费满意度，也能产生规模效应，降低采购成本。邮轮船供物资配送中心是邮轮港重要的配套产业，可以为停靠邮轮提供生产资料、生活资料的专业性、综合性物流配送服务，具有仓储、分拨、配送等一系列功能。本章从系统供给角度出发，基于邮轮船供物资补给过程中的短时间窗特点，根据"船舶供应商—邮轮船供物资配送中心—邮轮"三层配送网络，构建了配送中心选址—配送联合决策优化模型，模型中考虑由短时间窗带来的配送惩罚函数和配送中心容量限制，并设计了"两阶段"法对模型求解，得到了选址—配送方案，最后，通过算例对模型和算法进行了验证。

第一节　问题描述

邮轮运营计划的重点是船舶营运补给，邮轮船供物资具有采购全球性、补给点流动性的特点，邮轮船供食品为船上人员消耗品，短时间供应量巨大，品种多，且多属于冷藏保鲜食物。因此，对时效性要求很高，而短时间窗约束是巡航供应链管理系统在船舶补给过程中的一个重大挑战，以最佳速度连续补充是非常重要的。考虑到邮轮的补货提前期，邮轮在起航前几周，船舶供应商就要承诺一定的供应水平。因此，为了确保补给作业流畅且持续稳定，邮轮公司的标准作业程序及明确的目标更为重要，时效性更为关键。

从船舶供应商生产基地经过邮轮船供物资配送中心，到邮轮的船供物资，要经过装卸—运输—仓储—分拨—包装—配送等物流环节。本章构建的邮轮船供物资配送中心选址—配送优化模型是一个带容量约束和时间窗的"船舶供应商—邮轮船供物资配送中心—邮轮"的三层配送网络，邮轮船供物资配送网络，如图4-1所示。

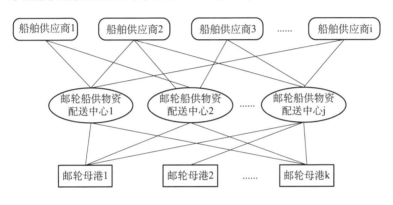

图 4-1　邮轮船供物资配送网络

资料来源：笔者绘制。

第二节　模型构建

一、模型描述与优化目标

邮轮船供物资配送中心选址—配送优化的目标是物流总成本最小化，因此，构建以邮轮船供物资配送中心固定成本、周转处理成本、各节点之间的运输成本，以及考虑短时间窗带来的配送惩罚成本之和最小化为优化目标的模型。在保证邮轮船供物资安全可靠配送的前提下，将物流总成本最小化。

二、短时间窗约束与配送惩罚函数

邮轮船供物资具有补给时效性的特点，在典型的邮轮港口周转日中，船供物资的补给时间通常只有约四小时，有短时间窗要求。邮轮船供物资必须在一定时间范围内配送到补给港口，才不会与邮轮装载时间发生矛盾。因此，本节将邮轮船供物资配送到补给港口的短时间窗要求作为约束条件，在优化目标函数中引入配送的惩罚函数，研究基于短时间窗的邮轮船供物资多配送中心选址—配送优化问题。

将配送中心完成一次邮轮船供物资配送所需时间表示为 t，补给品配送到邮轮的最佳到达时间需要在一定的时间范围 [ET，LT] 内，ET 为配送要求的最早到达时间，LT 为配送要求的最迟到达时间。如果补给船供物资过早到达，需要占用港口堆场等待装载时间，产生额外的仓储惩罚成本；如果配送不能在要求的时间段内完成，则邮轮装载计划将被延迟，需支付一定的营运惩罚成本，由此得到邮轮船供物资配送惩罚函数，见式（4-1）。

$$OC(t) = \begin{cases} (ET - t) \times m, & E \leq t \leq ET \\ 0, & ET \leq t \leq LT \\ (T - LT) \times n, & LT \leq t \leq T \end{cases} \qquad (4-1)$$

在式（4-1）中，m 为仓储惩罚成本与时间的比例系数，n 为营运惩罚成本与时间的比例系数。

邮轮公司向船舶供应商发送采购需求订单，船舶供应商将船供物资送至邮轮船供物资配送中心后，要经过仓储、包装、装箱、报关、配送等一系列流程，最终送至邮轮停靠港。

三、模型假设与符号说明

对于上述以补给时效性为特征的邮轮船供物资配送网络作为研究背景，对本章研究问题的建模作出以下四个假设。

（1）已知船舶供应商的供应能力与邮轮的需求量；

（2）已知船舶供应商生产基地到候选邮轮船供物资配送中心的配送费用，已知候选邮轮船供物资配送中心到邮轮停靠港的配送费用、配送时间；

（3）已知邮轮船供物资配送中心的选址固定费用；

（4）已知邮轮船供物资配送中心的容量。

为了更好地理解后续的数学模型，对本章涉及的各种参数和变量的数学符号和定义进行了全面总结，模型符号及定义，如表4-1所示。

表4-1 模型符号及定义

符号	类别	定义
I	集合	船舶供应商 i 的集合
J	集合	候选邮轮船供物资配送中心 j 的集合
K	集合	邮轮母港 k 的集合
s_i	参数	船舶供应商的供应能力
d_k	参数	邮轮船供物资补给需求量
c_{ij}	参数	船舶供应商 i 到候选邮轮船供物资配送中心 j 的配送成本
l_{jk}	参数	候选邮轮船供物资配送中心 j 到邮轮母港 k 的配送成本
x_{ij}	决策变量	船舶供应商 i 到候选邮轮船供物资配送中心 j 的配送量
y_{jk}	决策变量	候选邮轮船供物资配送中心 j 到邮轮母港 k 的配送量
h_{jk}	决策变量	候选邮轮船供物资配送中心 j 到邮轮母港 k 的配送时间
f_j	参数	候选邮轮船供物资配送中心 j 的月租赁费用
m_j	参数	候选邮轮船供物资配送中心 j 的月管理费用
v_j	参数	候选邮轮船供物资配送中心 j 的周转费用
u_j	参数	候选邮轮船供物资配送中心 j 的容量限制
T_1	参数	邮轮允许的最早送达时间
T_2	参数	邮轮允许的最迟送达时间
w_1	参数	惩罚系数
w_2	参数	惩罚系数
z_j	决策变量	0-1变量，选择邮轮船供物资配送中心 j 为其服务，则为1；否则，为0

资料来源：笔者编制。

四、模型构建

根据邮轮船供物资配送流程，可构建带时间窗的邮轮船供物资配送中心选址—配送的数学优化模型，见式（4-2）～式（4-9）。

$$minC = \sum_{j-1}^{J} z_j(f_j + m_j) + \sum_{i-1}^{I} \sum_{j-1}^{J} c_{ij}x_{ij} + \sum_{i-1}^{I} v_i \sum_{j-1}^{J} x_{ij} + \sum_{j-1}^{J} \sum_{k-1}^{K} l_{jk}y_{jk}$$

$$+ \sum_{j-1}^{J} \sum_{k-1}^{K} w_1 \times max(ET - t_{jk},0) \times y_{jk} + \sum_{j-1}^{J} \sum_{k-1}^{K} w_2 \times max(t_{jk} - LT,0) \times y_{jk}$$

$$(4-2)$$

$$s.t. \quad \sum_{i-1}^{I} x_{ij} \leqslant \sum_{j-1}^{J} u_j z_j \qquad (4-3)$$

$$\sum_{i-1}^{I} x_{ij} \leqslant s_j \qquad (4-4)$$

$$\sum_{i-1}^{I} x_{ij} = \sum_{j-1}^{J} y_{jk} \qquad (4-5)$$

$$\sum_{j-1}^{J} y_{jk} = d_k \qquad (4-6)$$

$$T_1 \leqslant t \leqslant T_2 \qquad (4-7)$$

$$x_y \geqslant 0, y_{jk} \geqslant 0 \qquad (4-8)$$

$$z_j \in \{0,1\} \qquad (4-9)$$

在优化模型中，式（4-2）为目标函数，由以下五个部分构成。

第一部分：$\sum_{j-1}^{J} z_j(f_j + m_j)$ 为邮轮船供物资配送中心选址固定费用；

第二部分：$\sum_{i-1}^{I} \sum_{j-1}^{J} c_{ij}x_{ij}$ 为船舶供应商到邮轮船供物资配送中心的配送费用；

第三部分：$\sum_{i-1}^{I} v_i \sum_{j-1}^{J} x_{ij}$ 为邮轮船供物资配送中心周转费用；

第四部分：$\sum_{j-1}^{J} \sum_{k-1}^{K} l_{jk}y_{jk}$ 为邮轮船供物资配送中心到邮轮母港的配送费用；

第五部分：$\sum_{j-1}^{J} \sum_{k-1}^{K} w_1 \times max(ET - t_{jk},0) \times y_{jk} + \sum_{j-1}^{J} \sum_{k-1}^{K} w_2 \times max(t_{jk} - LT,0) \times y_{jk}$ 为邮轮母港时间窗约束下的惩罚费用之和。

式（4-3）～式（4-9）为约束条件，其中，式（4-3）表示邮轮船供物资配送中心容量限制条件约束；式（4-5）表示邮轮船供物资配送中心流入流出平衡约束；式（4-6）表示邮轮的需求满足约束；式（4-7）表示邮轮船供物资配送中心的配送时间约束；式（4-8）表示配送量非负约束；式（4-9）表示邮轮船供物资配送中心选址二进制约束。

第三节　模型求解方法设计

针对选址决策的求解，大多数研究文献均采用遗传算法、粒子群算法或改进启发式算法。按照启发式算法的基本思想，本章构建的邮轮船供物资配送中心选址—配送优化模型是一个联合决策大型混合整数规划模型，其求解可以分为两个阶段：第一阶段，根据邮轮船供物资配送中心候选点到邮轮补给需求港的单位配送费用、邮轮船供物资配送中心候选点的固定费用和周转处理费用、配送时间窗要求以及候选邮轮船供物资配送中心容量限制选择配送中心位置，并确定各物流配送中心的配送对象及相应的配送量；第二阶段，计算各个邮轮船供物资配送中心的总配送量，根据船舶供应商的供应能力及其到确定的邮轮船供物资配送中心的配送费用，确定各船舶供应商为配送中心配送的数量。目前，混合规划一直没有直接的函数求解，往往借助第三方工具箱，因此，提出"两阶段"法对本章构建的考虑短时间窗的选址—配送模型进行求解。首先，采用 Benders 分解算法解决邮轮船供物资配送中心选址、服务对象及配送量划分问题；其次，将求解结果应用到分配船舶供应商配送任务阶段，运用 CPLEX studio 软件求出各船舶供应商为配送中心的配送量。

第一阶段：采用 Benders 分解算法解决邮轮船供物资配送中心选址、服务对象及配送量问题。

根据邮轮船供物资配送中心候选点到邮轮补给需求港的单位配送费用、邮轮船供物资配送中心候选点的固定费用和周转处理费用、配送时间窗要求以及候选配送中心容量限制选择配送中心位置，并确定各配送中心的服务对象及相应的配送量。

第二阶段：运用 CPLEX studio 软件求解船舶供应商到邮轮船供物资配送中心的配送调度问题。

计算各个邮轮船供物资配送中心的总配送量，根据船舶供应商的供应能力及其到确定的配送中心的配送费用，确定各船舶供应商为邮轮船供物资配送中心配送的数量。

一、Benders 分解算法

1962 年，Benders 分解算法由奔德斯（Benders）提出，用来求解混合整数规划（mixed integer programming，MIP）问题，即同时包含整数和连续变量的极值问题，换句话说，是线性规划和整数规划结合起来的数学规划问题。Benders 分解算法的精妙之处在于，引入复杂变量（complicating variables），当这些变量固定后，剩下的优化问题（通常称为子问题）变得相对容易。在混合整数规划问题中，先把复杂变量（整数变量）的值固定，则问题转换成一般的线性规划问题，当然，这个线性规划问题是以复杂变量为参数的。在奔德斯设计的算法中，运用割平面的方式将主问题（以子问题的解为参变量）的极值及问题（线性规划问题）有可行解的参变量值的集合很恰当地表达了出来。但是，其实际作用不限于此。

1974 年，在奔德斯的研究基础上，杰欧弗里奥恩（Geoffrion）又设计了广义层面的 Benders 分解算法，该方法能够解决具备 Benders 分解基本形式的非线性问题，而计算子问题的方法不一定是线性的。Benders 分解算法是一个应用较为普遍的算法，应用于解决最小整数非线性规划、随机规划等复杂问题，是一种有效地解决大型混合整数优化问题的方法。1976 年，弗洛里安（Florian）研究铁路机车调度问题时应用了 Benders 分解算法，理查森（Richardson）在解决航空路线规划问题上也采用了这一算法。1978 年之后，费希尔和耶库马尔（Fisher and Jaikumar）一直在分析、探讨 Benders 分解算法应用于求解机动车行驶路线规划问题的优点。1984 年，杰欧弗里奥恩和格雷夫斯（Geoffrion and Graves）设计工业分配系统时，应用了 Benders 分解算法。因此，本节在第一阶段提出采用

Benders 分解算法解决的优化问题，见式（4 – 10）。

$$\min Cx + Dy$$

$$s. t. \quad Ax + By \geqslant b \tag{4 – 10}$$

$$x \in \{0,1\}, y \geqslant 0$$

在式（4 – 10）中，A 为 nRowA × nColA 的矩阵；B 为 nRowB × nColB 的矩阵；C，D，b 分别为 nColA，nColB，nRowA × nRowB 的行（列）向量。

Benders 分解算法的主要步骤如下：

步骤一：初始化；

x0 = zeros（nColA，1）；% x0 为 nColA × 1 的全 0 向量

LB = – le10；% lower bound，初始值为 – 10^10

UB = inf；% UB，upper bound，初始值为无穷

p = 0；% 极点的初始数目

q = 0；% 极方向的初始数目

U = zeros（100，nRowA）；% 极点的集合，用 0 初始化

V = zeros（100，nRowA）；% 极方向的集合，用 0 初始化

epsilon = 0.99；% LB/UB 的阈值，LB/UB 大于此阈值时，Benders 分解停止

步骤二：求解子问题；

$$\min (Ax_0 – b)^T UorV$$

$$s. t. \quad B^T UorV \leqslant D^T$$

步骤三：求解主问题；

$$\min z$$

$$s. t. \quad z > Cx_0 + U(h,:)(b – Ax), h = 1,2,\cdots,p$$

$$V(s,:)(b – Ax) \leqslant 0, s = 1,2,\cdots,q$$

Benders 分解算法流程，如图 4 – 2 所示。

二、CPLEX studio

交通运输的研究，主要着重于建模和求解算法方面。针对运输调度线性规划模型，既有研究多采用启发式算法，启发式算法虽然具有较高

的计算效率，但是，不能保证得到最优解。IBM ILOG CPLEX Optimization Studio （以下简称 CPLEX studio） 软件是 ILOG 公司开发的基本优化组件系列之一，由 CPLEX 接口和 CPLEX 算法组成，CPLEX studio 是一个将 OPL 集成开发环境、CPLEX 求解器和 CP 求解器组合在一起用于开发基于优化的分析型决策支持应用的综合工具包，其包含一组可配置的算法，称为优化，包括单个优化器、绑定优化器和混合整数优化器。CPLEX studio 是 ILOG 公司开发的用来求解线性规划（LP）、二次规划（QP）、带约

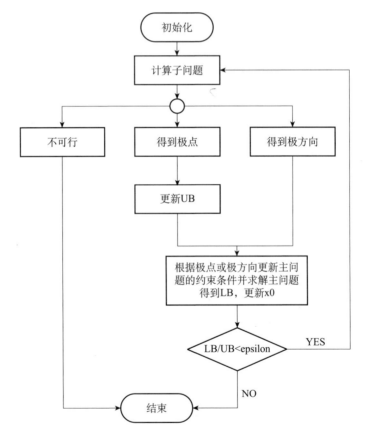

图 4 - 2   Benders 分解算法流程

资料来源：殷允强，王杜娟，余玉刚. 整数规划：基础、扩展及应用 [M]. 北京：科学出版社，2022.

束的二次规划（QCQP）、二阶锥规划（SOCP）四类问题，具有执行速度快的特点，其自带的 OPL 语言简单易懂，并与众多优化软件及语言兼容，虽然在中国的应用尚不广泛，但在欧美应用广泛。

CPLEX studio 结合多种算法的优点，在较短时间内解决多变量、复杂的混合整数规划问题，特别适用于求解实际的混合整数规划问题。此外，CPLEX studio 的速度非常快，可以解决现实世界中许多计算规模庞大的问题，并运用现有的应用系统快速提交可靠的解决方案，这一特点可以从其在全球各地的分布情况和在极端苛刻条件下的应用现状得到完全证明。ILOG CPLEX 的高速特性，完全依赖一个组件库。该组件库使 ILOG CPLEX 引擎、优化应用程序的各种功能和灵活性无缝集成在一起。ILOG CPLEX 优化器采用分支定界法（branch and bound），充分利用创新的前沿策略为最难的混合整数规划问题提供高性能的解法。ILOG CPLEX 混合整数型优化器包括 ILOG CPLEX presolve 算法，是一种高级割平面（cutting plane）策略和可行性探试法（heuristics）。用户可以声明优先策略，比如，判断找到一种最佳的方案重要还是迅速确定一种好的可行解法重要，然后，ILOG CPLEX 混合整数型优化器会根据选定的参数自动进行相应调整。用户完全能够控制 ILOG CPLEX 混合整数型优化器，可以自定义优化器的割平面（cutting plane）策略和探试法（heuristics）策略，还可以定制节点和变量选择策略。此外，当需要解决某个问题的方法时，用户还可以采用探试法或割平面（cutting plane）策略。选址—配送规划问题属于战略决策范畴，直接影响邮轮公司的经济效益，因此，计算结果的最优性远高于时效性。本章采用 CPLEX studio 软件，对第二阶段配送调度问题进行求解。

第四节　算例仿真分析

国内邮轮旅游市场的蓬勃发展，使得许多国际邮轮集团有意扩大中国市场的份额，国际邮轮集团在邮轮船供物资配送中心选址时会考虑成本、政策、效率和风险等各种因素，其中，既有定性的因素也有定量的因素，为了简化定性方面的影响因素，本节设计一种情景作为算例来求解模型并验证方法的有效性。某国际邮轮集团经过考察调研，计划在天津、大连、青岛通过租借闲置场地、设备的方式，进行邮轮船供物资配送中心的试点运营，在三个城市用港周边能满足国际邮轮集团苏打水供货要求的船舶供应商有 4 家，分别为 S1、S2、S3、S4，且该邮轮集团通过定性方法和定量方法确定了 5 个候选物流配送中心 D1、D2、D3、D4、D5，计划选择 1~2 个为邮轮船供提供配套服务，为天津邮轮母港 K1、青岛邮轮母港 K2、大连邮轮母港 K3 停靠的邮轮进行苏打水的补给。

一、参数设置

（一）最佳配送时间及惩罚成本

根据邮轮的港口典型周转日，考虑到邮轮补给的时间窗约束和补货提前期，邮轮公司要求邮轮船供物资配送中心的最佳配送时间为补给船供物资到达邮轮船供物资配送中心后的 8~12 小时，最迟不超过 14 小时。为了配合邮轮抵达港口的时间，邮轮船供物资配送中心的配送时间应与邮轮抵达港口的运营计划相协调。原因在于，配送过早，将产生额外的堆场存储成本，惩罚成本按存储成本计为 2 元/吨/小时；配送过迟，将影响邮轮的运营计划，惩罚成本为 10 元/吨/小时。

（二）其他数据

船舶供应商到候选邮轮船供物资配送中心的单位配送运费，见表 4-2；各候选邮轮船供物资配送中心到邮轮停靠港的配送运费/时间，见表 4-3；候选邮轮船供物资配送中心相关数据，见表 4-4；船舶供应商供应能力，见表 4-5；邮轮船供物资需求量，见表 4-6。

表 4-2　船舶供应商到候选邮轮船供物资配送中心的单位配送运费

（单位：元/吨）

船舶供应商	D1	D2	D3	D4	D5
S1	48	50	48	48	50
S2	50	55	55	50	48
S3	50	50	55	55	48
S4	55	50	50	46	55

资料来源：笔者编制。

表4-3　　各候选邮轮船供物资配送中心到邮轮停靠港的配送运费/时间

（单位：元/吨，小时）

候选邮轮船供物资配送中心	K1	K2	K3
D1	32/10	35/8	35/8
D2	38/8	38/6	38/8
D3	35/8	42/8	38/8
D4	35/8	35/8	38/10
D5	36/8	35/15	38/10

资料来源：笔者编制。

表4-4　　　　　候选邮轮船供物资配送中心相关数据

项目	D1	D2	D3	D4	D5
月容量（吨）	3000	3000	3000	3500	3500
月租赁费用（元）	300000	257000	236000	248000	278000
月管理费用（元）	145000	118000	110000	150000	148000
单位周转费用（元/吨）	28	26	28	26	26

资料来源：笔者编制。

表4-5　　　　　　船舶供应商供应能力

船舶供应商	S1	S2	S3	S4
供应能力（吨）	2000	1800	2200	2800

资料来源：笔者编制。

表4-6　　　　　　邮轮船供物资需求量

邮轮停靠港	K1	K2	K3
月需求量（吨）	2100	1800	1500

资料来源：笔者编制。

二、求解结果分析

（一）第一阶段

运用Benders分解算法，得到各候选邮轮船供物资配送中心到各邮轮母港的配送量，如表4-7所示；候选邮轮船供物资配送中心的选址值，如表4-8所示。

表4-7　　　各候选邮轮船供物资配送中心到各邮轮母港的配送量　（单位：吨）

候选邮轮船供物资配送中心	K1	K2	K3
D1	1200	0	1800
D2	0	0	0

候选邮轮船供物资配送中心	K1	K2	K3
D3	0	0	0
D4	300	2100	0
D5	0	0	0

资料来源：笔者运用 MATLAB 2019 软件，运行 Benders 分解算法程序代码后整理而得。

表4-8 候选邮轮船供物资物流配送中心的选址值

候选点	D1	D2	D3	D4	D5
选址值	1	0	0	1	0

资料来源：笔者运用 MATLAB 2019 软件，运行 Benders 分解算法程序代码后整理而得。

（二）第二阶段

运用 CPLEX studio 软件，求得船舶供应商到邮轮船供物资配送中心的配送量，如表4-9所示。

表4-9 船舶供应商到邮轮船供物资配送中心的配送量 （单位：吨）

候选邮轮船供物资配送中心	D1	D2
S1	2000	0
S2	1000	0
S3	0	0
S4	0	2400

资料来源：笔者运用 CPLEX studio 12.4 软件，运行程序代码后整理而得。

根据表4-9可知，第二阶段运用 CPLEX studio 软件的求解结果为：从船舶供应商 S1 和船舶供应商 S2 到邮轮船供物资配送中心 D1 的配送量分别为 2000 吨和 1000 吨，由船舶供应商 S4 到邮轮船供物资配送中心 D2 的配送量为 2400 吨。最优配送成本为 256400 元，仿真运行时间为 32s。[①] 同时，运用班萨尔和戈亚尔（Bansal and Goyal，2013）中改进的快速粒子群算法（APSO）对船舶供应商到配送中心的配送调度问题求解，其中，粒子种群大小为 20，迭代次数为 150，gama 参数取 0.95，独立运行 10 次，APSO 算法独立运行 10 次结果，如表4-10。

---

① 最优配送成本根据本章模型的目标函数式（4-2）的第二部分计算而得。

表 4 – 10　　　　　　　　APSO 算法独立运行 10 次结果

计算次数（次）	结果（元）	时间（s）
1	267585	4.054
2	270022	4.160
3	275209	5.341
4	266900	5.998
5	277931	6.206
6	268309	6.609
7	279671	7.554
8	272857	7.678
9	272867	8.794
10	274198	9.311

资料来源：笔者运用 MATLAB 2019 软件，运行 APSO 算法程序代码后整理而得。

由表 4 – 10 可知，APSO 算法的求解效率虽然高于 CPLEX studio 的求解效率，求得的最优值接近最优解，但是，用 CPLEX studio 求得的最优解要远高于 APSO 算法求得的最优解。因此，选择用 CPLEX 软件求解配送调度问题，是比较科学的。

根据"两阶段"求解方法，邮轮船供物资配送中心选址—配送模型的最小物流成本为 1431200 元。①

第五节　本章小结

本章根据邮轮船供物资三层配送网络，结合邮轮船供物资补给过程中的短时间窗特征，构建了邮轮船供物资配送中心选址—配送优化模型，模型在配送成本、固定成本、可变成本和容量约束的基础上引入配送惩罚函数，更贴近邮轮船供物资补给的实际情况。并提出了一种"两阶段"

_____

① 最小物流成本根据本章模型的目标函数式（4 – 2）计算而得。

求解法：第一阶段采用 Benders 分解算法，求解邮轮船供物资配送中心选址及其流量分配；第二阶段运用 CPLEX Studio 软件，解决了从船舶供应商到邮轮船供物资配送中心的流量分配问题。最后，用算例验证了所提方法的有效性，并在第二阶段对 CPLEX Studio 软件与 APSO 算法的求解结果进行对比分析，结果表明，CPLEX Studio 软件在获取最优值方面具有更大优势。

第五章 基于保税仓库的境外邮轮船供物资多品种联合订购优化

在大数据时代，如何利用现有数据进行合理规划，为邮轮公司的运作提供决策支持变得越来越重要。在邮轮船供物资采购全球化背景下，针对境外邮轮船供物资在邮轮母港船供操作的不便利性，中国邮轮母港需进一步推广"整进散出"模式，即提前对保税船供物资进行统一采购，实行先期采购的邮轮船供物资，经申报进入中国境内后，在保税仓库中统一存放，再根据各航次的实际船供物资需求分批次供船。这种邮轮境外船供"点对面"模式相比之前的邮轮境外船供"点对点"模式更为灵活，更能压缩成本，更加省时省力。邮轮境外船供"点对面"模式体现了邮轮船供物资的联合订购策略，在联合订购策略的基础上，考虑配送的优化及供给端与消费端的协同。因此，本章从系统供给角度出发，结合邮轮船供物资采购全球性的特点及境外船供物资保税供应操作的不便利性，并基于保税仓库研究了境外邮轮船供物资多品种联合订购优化问题，对于压缩物流成本，缩短采购前置期，提高境外邮轮船供物资供船操作的便利性，极大地发挥了中国自由贸易试验区保税港区保税仓的优势。

第一节 问题描述

境外邮轮船供物资的物流基地通常以保税仓库为基础建立，具备仓储功能。采购和配送采用仓库协同模式，优化目标是采购总成本和库存总成本最小化。该系统考虑由一个保税仓库和多个具有进口业务资质的船舶供应商组成，这些船舶供应商可能从物流基地内的合作供应商或周边仓库采购船供物资。在该系统中，需从多个境外船舶供应商采购各种具有不同提前订购周期的邮轮船供物资，通过海运或其他运输方式送到保税港区的保税仓库存放，然后，按邮轮每航次需求量配送到所需邮轮停靠港，基于保税仓库的邮轮船供物资多品种联合订购模式，如图 5 - 1所示。如果按每航次所需单独订购将不可避免地增加额外的订购成本，且报关、清关次数增加，补给前置期增加，费时费力。因此，在系统运行中，存在联合订购问题。在一个需求周期和订单周期下，如何统一确定各种保税船供物资的订单周期和订单数量，从而使订购成本达到最低，是基于保税仓库的邮轮船供物资多品种联合订购优化问题。

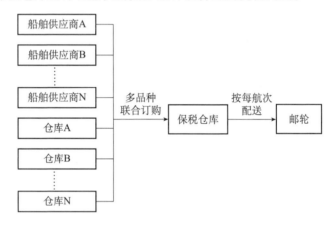

图 5 - 1　基于保税仓库的邮轮船供物资多品种联合订购模式

资料来源：笔者绘制。

第二节　模型构建

一、模型描述与优化目标

基于保税仓库的境外邮轮船供物资多品种联合订购目标，是采用仓库协同模式下采购和配送的成本最小化，因此，构建以邮轮船供保税仓库的单位时间内，邮轮船供物资多品种联合订购的总成本和各种邮轮船供物资的库存成本之和最小化为优化目标的模型。在具有不同订购周期的境外邮轮船供物资联合采购的前提下，将采购成本和库存总成本最小化。

二、模型假设与符号说明

以上述基于保税仓库的境外邮轮船供物资联合订购为研究背景，对本章研究问题的建模可作以下 4 个基本假设。

（1）初始库存为 0，不允许缺货，能瞬时补货，库存容量为 V（常数）；

（2）境外邮轮船供物资有一个基本的订购周期，所有境外邮轮船供物资的订购周期是基本订购周期的整数倍，至少一种境外邮轮船供物资的订购周期等于基本订购周期；

（3）各类境外邮轮船供物资的基本订购成本是相同的，但个别订购成本不同，订购成本与订购时间有关，每个订单都有一个基本订购成本；

（4）邮轮公司以保税仓库为基础，按一段时间内邮轮所需的境外船供物资统一向船舶供应商发送订单。

为了更好地理解后续的模型，对本章中涉及的各种参数和变量的所有数学符号和定义进行了全面总结，符号说明及定义，如表 5 - 1 所示。

表 5 - 1 符号说明及定义

符号	定 义
n	境外邮轮供物资的种类
i	境外邮轮船供物资 i，i=1，2，…，n
R_i	境外邮轮船供物资 i 的需求量
H_i	单位境外邮轮船供物资 i 在保税仓库的单位时间库存费用
B	每次的基本订购费用
b_i	境外邮轮船供物资 i 的个别订购费用
V	保税仓库的库存容量
t	基本订购周期（决策变量）
T_i	境外邮轮船供物资 i 的订购周期
X_i	境外邮轮船供物资 i 的订购周期是基本订购周期的 X_i 倍（决策变量）
Q_i	第 i 种境外邮轮船供物资的订购量（决策变量）

资料来源：笔者编制。

三、模型构建

假设境外邮轮船供物资的基本订购周期为 T，其中，境外邮轮船供物资 1 和境外邮轮船供物资 2 的订购周期相同，为基本订购周期 T，因此，境外邮轮船供物资 1 和境外邮轮船供物资 2 分为一组；而境外邮轮船供物资 3 的订购周期是基本订购周期的 2 倍，即 2T，那么，境外邮轮船供物资 3 单独分为一组；以此类推。因此，各境外邮轮船供物资订购周期 T_i 为基本订购周期的整数倍，见式（5 - 1）。

$$T_i = X_i \times t \qquad (5-1)$$

则第 i 种境外邮轮船供物资的订购量，见式（5 - 2）。

$$Q_i = R_i \times T_i = R_i \times X_i \times t \qquad (5-2)$$

各种境外邮轮船供物资初始库存为 0，则第 i 种保税邮轮船供物资的平均库存水平，可以表示为式（5 - 3）。

$$\overline{I}_i = \frac{Q_i}{2} = \frac{R_i X_i t}{2} \qquad (5-3)$$

由上可知，n 种境外邮轮船供物资联合订购时的单位时间内平均总成本模型，见式（5 - 4）和式（5 - 5）。

$$\min TC(t, X_1, X_2, \cdots, X_n) = \frac{B + \sum_{i=1}^{n} \frac{b_i}{X_i}}{T} + \sum_{i=1}^{n} \frac{R_i X_i t H_i}{2} \qquad (5-4)$$

$$s.t. \begin{cases} \sum_{i=1}^{n} R_i X_i t \leqslant V \\ \min\{X_i, i = 1, 2, \cdots, n\} = 1 \end{cases} \qquad (5-5)$$

在目标函数式（5 - 4）中，第一项表示，单位时间内境外邮轮船供物资多品种联合订购的总成本；第二项表示，各种境外邮轮船供物资的库存成本。式（5 - 5）为约束条件，第一个约束条件确保同时订购的总数量，不超过邮轮保税仓库的库存能力；第二个约束条件表示，至少一种境外邮轮船供物资的订购周期，等于保税仓库的基本订购周期。

四、模型求解

首先，将式（5 - 4）中 X_i 视为常数，那么，式（5 - 4）是一个关于 t 的一维优化问题，对 t 进行求导，得到：

$$\frac{dTC(t)}{dt} = -\frac{B + \sum_{i=1}^{n} \frac{b_i}{X_i}}{t^2} + \sum_{i=1}^{n} \frac{R_i X_i H_i}{2} \qquad (5-6)$$

因为 $\dfrac{\partial^2 TC(t)}{\partial^2 t} = \dfrac{B + \sum\limits_{i=1}^{n} \dfrac{b_i}{X_i}}{t^3} > 0$，所以，令式（5-6）等于 0，得到基本订购周期的表达式，见式（5-7）。

$$t^*(X_1, X_2, \cdots, X_n) = \sqrt{\dfrac{2\left(B + \sum\limits_{i=1}^{n} \dfrac{b_i}{X_i}\right)}{\sum\limits_{i=1}^{n} R_i X_i H_i}} \qquad (5-7)$$

根据式（5-5）的约束条件，可知：

$$\sum_{i=1}^{n} R_i X_i t \leqslant V \qquad (5-8)$$

因此：

$$t \leqslant \dfrac{V}{\sum\limits_{i=1}^{n} R_i X_i} \qquad (5-9)$$

当 $t > \dfrac{V}{\sum\limits_{i=1}^{n} R_i X_i}$，取 $t^* = \dfrac{V}{\sum\limits_{i=1}^{n} R_i X_i}$。

将式（5-7）代入式（5-4），并经过简化可得：

$$TC(X_1, X_2, \cdots, X_n) = \sqrt{2\left(B + \sum_{i=1}^{n} \dfrac{b_i}{X_i}\right) \sum_{i=1}^{n} R_i X_i H} \qquad (5-10)$$

目前的问题是，寻求各种境外邮轮船供物资的最优订购周期倍数 X_i，以使得系统的平均总费用最小。通过观察式（5-10），要最小化 TC$(X_1, X_2, \cdots, X_n)$，相当于最小化式（5-11）。

$$F(X_1, X_2, \cdots, X_n) = \left(B + \sum_{i=1}^{n} \dfrac{b_i}{X_i}\right) \sum_{i=1}^{n} R_i X_i H_i \qquad (5-11)$$

第三节　模型求解方法设计

一、群体智能优化算法概述

最优化问题，是在符合一定限制条件下，寻找一组参数数值以满足某些最优性度量，使系统的某些性能指标最大化或者最小化。最优化问题的设计算法，主要包括经典算法、构造型算法、改进型算法、混合型算法、群体智能优化算法及基于系统动态演化的算法等。其中，群体智能优化算法属于计算智能的范畴，是进化计算的一个重要分支，是通过对自然界生物群体（鸟群、蜂群、蚁群、鱼群等）的进化过程或觅食过程进行模拟，搜索最优解或非劣解。不同于很多基于梯度的应用优化算法，群体智能优化算法依赖于概率搜索算法，虽然概率搜索算法一般要应用非常多的评价函数。但是，相对于梯度方法及传统类型的演化算法来说，其优势还是比较明显的，具备简单、鲁棒性强、容易扩充与自组织性特征，是一种可以高效地解决很多全局优化问题的新手段，具有普遍适应性。近几十年来，优化问题是国内外学者热衷研究的问题，智能算法在优化问题上取得了丰富的研究成果。群体智能优化算法可以分为基于生物群体的群体智能优化算法和基于非生物群体的群体智能优化算法两种。群体智能优化算法分类，如表 5-2 所示。

表 5-2　　　　　　　　　　　　群体智能优化算法分类

分类	算法
基于生物群体的群体智能优化算法	遗传算法、粒子群优化算法、人工鱼群搜索算法、蚁群优化算法、萤火虫算法、细菌觅食优化算法、蝙蝠算法、布谷鸟算法等
基于非生物群体的群体智能优化算法	水滴算法、烟花算法、头脑风暴优化算法等

资料来源：笔者根据孙家泽，王署燕. 群体智能优化算法及其应用［M］. 北京：科学出版社，2017 的相关资料整理而得。

在以上群体智能优化算法中，典型的有遗传算法（genetic algorithm，GA）和粒子群优化算法（particle swarm optimization，PSO），是国内外学者在解决最优化问题时广泛应用的两种算法。

遗传算法（genetic algorithm，GA）作为一种随机的优化方法与搜索方法，实质上是一种繁衍、实时监测与评价判定的迭代更新算法。它主要包括三个步骤：首先，对问题的解展开程序编码，即用染色体代表问题的潜在解，自动生成通过程序编码的初始种群；其次，依据适应度大小选择个体展开遗传操作应用；最后，根据适者生存与优胜劣汰理论的逐渐演化，获取问题的最优解，或者近似最优解。遗传算法（genetic algorithms，GA）是模拟生物进化过程中的遗传和适应度选择，通过选择、交叉和变异等操作，不断更新种群，以逐步优化解的质量。遗传算法，是通过大量备选解的变换、迭代和变异，在解空间中并行动态地进行全局搜索的最优化方法，具备非常强的鲁棒性，但也存在不足，如编码不规范及编码存在表示的不准确性、需要大量样本才能求解、易出现早收敛、计算量大、搜索时间长等，还有其局部搜索能力不强，容易出现种群早熟，进化结束时往往收敛到最优点附近而达不到全局最优点。

粒子群优化算法（particle swarm optimization，PSO）是一种源自对鸟类觅食行为及进化行为的群体智能优化算法。在算法设计中，鸟类被模拟成无质量的粒子。搜索的想法是：在更好的粒子邻域中找到具有较高适应性值解决方案的可能性更大，因此，在最优粒子的邻域中分配了更多粒子以极大地提高算法的搜索效率；同时，每个粒子还可以使用其他信息来避免陷入局部最优。与其他算法的最本质区别在于，PSO 算法全面考虑了自身位置信息和群体信息两种信息，并在进化过程中保留并使用位置信息和位置变化程度信息，使该算法表现出很多优良特性，而其他算法仅仅对位置信息进行了保留和利用。但是，PSO 算法也存在较差的局部搜索能力，不能保证搜索到全局最优解，并且，搜索性能好坏依赖于算法中的参数选择。

2010 年，北大教授谭营受到烟花在夜空中爆炸产生火花并照亮周围区域现象的启发，针对复杂函数的全局优化问题求解，提出了烟花算法（firework algorithms，FWA）（Tan and Zhu，2010；Tan，2015）。FWA 算法被认为是一种新型的群体智能优化算法，在该算法中，烟花被看作最优化问题解空间中的一个可行解，那么，烟花爆炸产生一定数量火花的过程即为其搜索邻域的过程，算法中分别提出了两种爆炸（搜索）过程，并设计了一种保持高空中烟花爆炸多样性的计算机制。在其求解复杂优化问题过程中，FWA 算法所展现出的优良计算性能和较高计算效率，使其受到越来越多专家和学者的高度关注和跟踪研究。2016 年，尚亚菲等在谭营的烟花算法研究基础上，引入一种非线性的惯性权重，提出引入惯性权重的烟花算法（inertia weight firework algorithms，WFWA），WFWA 算法能快速跳出局部最优，更快搜索获得全局最优解。

郭等（Guo et al.，2014，2015，2019）、刘等（2015）认为，与 GA、PSO 等群体智能算法相比，WFWA 算法具有更好的收敛性、全局寻优能力和搜索能力。因此，本章选择 WFWA 算法求解联合订购模型研究供应链环境下邮轮船供保税物资采购、配送、库存协同运行的订购优化问题。

二、WFWA 算法设计

引入惯性权重的烟花算法（inertia weight firework algorithms，WFWA）是在 FWA 算法的基础上提出的一种新的改进烟花算法。下文先介绍 FWA 算法，在其基础上对 WFWA 算法进行分析说明。

（一）FWA 算法

在 FWA 算法中，烟花被看作最优化问题解分布空间中的一个可行解，则烟花爆炸形成一定数目火花的演化过程，即为其搜索邻域的演变过程。FWA 算法的基本组成框架，如图 5-2 所示。在此框架中，爆炸算子、变异算子和选择策略是三个最关键的组成部分，直接决定了烟花算法的性能优劣。

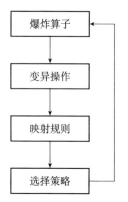

图 5-2　FWA 算法的基本组成框架

资料来源：谭营. 烟花方法引论 [M]. 北京：科学出版社，2015.

FWA 算法的基本原理与优化过程类似于一般的群体智能优化算法，最初随机选择 N 个烟花作为初始化群体，紧接着，令群体中的每一个烟花经过爆炸操作和变异操作，并运用映射规则，使变异之后的个体仍位于可行域内，最终在留下最优个体（即精英策略）的条件下，使用选择策略从自动产生的全部个体中选取余下的 N – 1 个个体共同构成下一代的群体。如此不断循环，依次迭代更新，经过交互传递信息使群体对环境的适应性逐代转变得越来越好，进而计算出问题的全局最优解。

FWA 算法的初始化是随机生成烟花的过程，良好的爆炸是在一个小范围内产生大量火花，对每个烟花执行爆炸操作。其初始化是随机自动生成 N 个烟花的演化过程，对自动生成的 N 个烟花使用爆炸算子，形成全新的火花，其重点是爆炸算子，主要包含爆炸强度、爆炸幅度与位移运算。

1. 爆炸产生的火花个数

$$S_i = m \times \frac{Y_{max} - f(x_i) + \varepsilon}{\sum_i^N (Y_{max} - f(x_i)) Y_{max} + \varepsilon} \qquad (5-12)$$

在式（5 – 12）中，m 表示控制 N 个烟花产生的火花总数的一个参数；S_i 表示烟花 i 产生的火花数；$Y_{max} = ma(f(x_i))$（i = 1，2，...，N）表示 N 个烟花中目标函数的最大值；$f(x_i)$ 表示个体 x_i 的适应值；ε 表示计算机中的最小常数，用于避免分母为零。

2. 爆炸幅度范围

与设计的火花数相比，好的烟花爆炸幅度小于坏的烟花爆炸幅度。爆炸幅度范围，见式（5 – 13）。

$$A_i = \widehat{A} \times \frac{f(x_i) - Y_{min} + \varepsilon}{\sum_{i=1}^N (f(x_i) - Y_{min}) + \varepsilon} \qquad (5-13)$$

在式（5 – 13）中，$\widehat{A}$ 表示最大爆炸幅度；$Y_{min} = \min(f(x_i))$（i = 1，2，...，N）表示 N 个烟花中目标函数的最小（最佳）值。

3. 位移操作

在爆炸中，火花可能受到来自随机 Δx_i^k 方向（维度）的爆炸影响，得到随机方向的个数，如式（5 – 14）所示。

$$\Delta x_i^k = x_i^k + rand(0, A_i) \qquad (5-14)$$

在式（5 – 14）中，x_i^k 表示 x_i 位置的维度；$rand(0, A_i)$ 是 $(0，A_i)$ 的均匀分布。

4. 变异算子

为了增加爆炸火花种群的多样性，烟花算法引入变异算子用于产生变异火花，即高斯变异火花。高斯变异火花是在高斯爆炸过程中产生的，高斯变异火花在烟花周围的局部空间中进行搜索，见式（5-15）。

$$x_i^k = x_i^k G \qquad (5-15)$$

在式（5-15）中，$G \sim N(1,1)$ 是均值为 1、方差为 1 的高斯分布随机数，即 $G \sim N(1,1)$。

5. 选择策略

为促使烟花种群中优秀的信息及时传递至下一代种群，在所有爆炸火花和高斯变异的火花个体种群产生后，FWA 算法会在所有火花（包括烟花、爆炸火花和高斯变异火花）的下一代候选者个体集合中选择一定数目的个体作为其下一代候选烟花。如果所有候选者集合为 K，烟花种群大小为 N，在每一次迭代中，采取精英保留策略，保留适应度最优的个体进入下一代。在剩余的个体中，采用轮盘赌的方法选取 N-1 个烟花，每个个体被选取的概率由其拥挤度决定。关于烟花位置 x_i 的选择概率公式，见式（5-16）。

$$p(x_i) = \frac{R(x_i)}{\sum_{j \in K} R(x_j)} \qquad (5-16)$$

在式（5-16）中，

$$R(x_i) = \sum_{j \in K} d(x_i, x_j) = \sum_{j \in K} \| x_i - x_j \| \qquad (5-17)$$

在式（5-16）和式（5-17）中，$R(x_i)$ 表示 x_i 与其他个体之间的距离之和；$j \in K$ 表示第一个位置 j 属于集合 K，即爆炸算子和高斯变异形成的火花集合；$p(x_i)$ 是每一个个体选择采用轮盘赌的概率；$d(x_i, x_j)$ 是任意两个个体 x_i 和 x_j 之间的欧氏距离。

FWA 算法的过程，可描述为以下五个步骤。

步骤 1：初始化参数，随机选择 n 个位置；

步骤 2：分别在选择的 n 个位置上引爆 n 个烟花；

步骤 3：烟花的适应度值由适应度函数计算而得，烟花爆炸过程中形成的火花数目与爆炸半径，可以根据式（5-12）~式（5-14）求出，自动生成爆炸火花，再经过高斯变异操作形成高斯变异火花；

步骤 4：计算全部烟花、爆炸火花与高斯变异火花的适应度值，同时，找出当前的最佳位置，保留到下一次爆炸，再按照式（5-15）与式

（5-16），从目前最优的火花爆炸位置所产生的两类火花和高斯变异形成的高斯变异火花内，随机选择 n-1 个具体位置，同时，将最佳位置作为全新的 n 个位置，再进行迭代更新，进行下一次操作；

步骤 5： 判断算法的终止条件，如果符合算法的终止条件，则自动生成最优解，不满足终止条件，则返回到第二步继续执行。

根据式（5-13）可以判断烟花算法的适应性及寻优能力较强，原因在于，适应度值最好的烟花产生的爆炸半径几乎为 0，数值非常小。FWA 算法不仅完全继承了当前群体智能优化算法的很多长处，而且，具备鲜明的特点，综合来看，FWA 算法具备爆炸性、瞬时性、简易性、局部覆盖性、涌现性、多元性和可扩充性等优点。

（二）WFWA 算法

WFWA 算法是为了加快 FWA 算法的收敛速度，提高算法的精度和性能，引入一种具有非线性惯性权重的改进烟花算法。其中，惯性权重值越大，算法的全局寻优能力越强；惯性权重值越小，算法的局部寻优能力越强。在火花位置更新公式中加入惯性权重，如式（5-18）、式（5-19）所示，并利用惯性权重改进爆炸半径。

$$\hat{x}_j^k = w\hat{x}_j^k + A_j \times rand(-1,1)(j=1,2,\cdots,\hat{s}_i) \qquad (5-18)$$

$$w = (1/2)^t \qquad (5-19)$$

在式（5-19）中，t 表示求值的数目；w 随迭代次数而减少。

WFWA 算法的过程可分为以下 8 个步骤。

步骤 1： 初始化参数；

步骤 2： 在搜索空间上随机选择 n 个位置；

步骤 3： 分别在选择的 n 个位置上引爆 n 个烟花；

步骤 4： 计算 n 个烟花的适应度值，并对其按下降规律排序，搜索当前最优烟花位置及适应度值；

步骤 5： 按照式（5-12）~式（5-17），分别计算每一个烟花爆炸生成的火花数及爆炸幅度；

步骤 6： 根据式（5-14）、式（5-18）和式（5-19）更新火花位置生成爆炸火花，由式（5-14）和式（5-15）更新位置生成高斯变异火花；

步骤 7： 计算全部烟花、爆炸火花和高斯变异火花的适应度值，并找出当前的最优爆炸位置，保留到下一次爆炸，按照式（5－15）和式（5－16），生成的全部火花和高斯变异火花内随机选择 n－1 个爆炸位置，并以当前的最优爆炸位置作为全新的 n 个位置展开迭代更新，参与下一次爆炸；

步骤 8：判定算法的终止条件，如果符合算法的终止条件，则生成最优解；如果不符合，则返回第二步继续执行。

WFWA 算法流程，如图 5－3 所示。

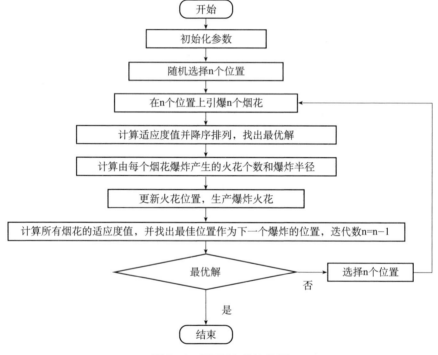

图 5－3　WFWA 算法流程

资料来源：尚亚菲，刘雪英，贾敏南．引入惯性权重的烟花算法［J］．内蒙古工业大学学报，2016，35（3）：168－177．

第四节　算例仿真分析

一、参数设置

在天津口岸的邮轮船供物资清单中，有一批食品，如，奶酪、奶油、牛奶、意大利面、橄榄油等，都是来自法国、意大利等国家的进口食品，这些食品具有不同的订购周期，对一个周期内邮轮所需的境外船供食品统一采购，然后，从不同的船舶供应商（周围的其他仓库）运送到指定邮轮母港的保税仓库存放，按邮轮每航次的需求量配送到所需邮轮。为验证模型，境外邮轮船供食品采购清单明细，如表 5 – 3 所示，基本订购费用为 A = 50 元，邮轮母港保税港区的保税仓库库存容量为 600 件。

表 5 – 3　　　　　　　　境外邮轮船供食品采购清单明细

境外邮轮船供食品	个别订购费用 b_i（元/次）	需求率 R_i（件/季）	库存费用 H_i（元/件）
1	80	1700	8
2	100	1200	10
3	50	1500	10
4	150	1000	17
5	200	400	15
6	180	1200	26
7	280	200	5
8	220	500	35
9	250	800	10
10	400	600	14

资料来源：笔者编制。

二、仿真结果分析

为了充分验证 WFWA 算法在求解境外邮轮船供物资多品种联合订购最优化问题过程中的有效性，将 WFWA 的仿真实验结果与 FWA、GA 和 PSO 三种算法的仿真结果进行了全面比较分析。在 MATLAB 环境下，仿真实验的订购最优化问题的数值，应用表 5 – 3 中的数据。迭代次数为 500 次，每个算法独立运行 20 次。WFWA 算法和 FWA 算法的参数设置为：种群规模 N 为 5，常数 m 为 50，爆炸数为 6，爆炸半径为 40，爆炸极限因子 a = 0.04、b = 0.8，高斯变异火花数为 5，函数维度 D 为 10。PSO 的粒子数为 10，伽马参数为 0.95。GA 的种群规模常数为 10，交叉的概率常数为 0.75，变异的交叉概率常数为 0.75。

不同群体智能优化算法的仿真过程，如图 5 – 4 所示，表明在最优结果中，WFWA 算法具有最快的收敛速度和最高效率。与 WFWA 算法相比，FWA 算法和 PSO 算法速度较慢，GA 算法速度最慢。根据 WFWA 算法与 FWA 算法、PSO 算法、GA 算法的仿真结果，从最优解、最差解、平均最优解和标准差四个方面对四种算法的性能和稳定性进行了评估分析，仿真结果，见表 5 - 4。从表 5 - 4 可知，在最优解和平均最优解方面，本章所提出的 WFWA 算法均优于 FWA 算法、PSO 算法和 GA 算法，表现出较好的鲁棒性。与 FWA 算法、PSO 算法和 GA 算法相比，WFWA 算法具有更好的收敛速度和收敛精度，能够更好地搜索全局最优解。

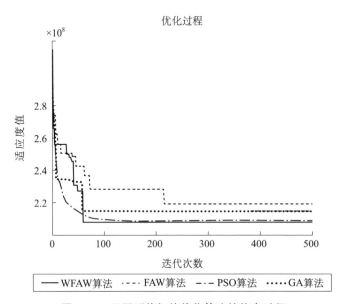

图 5 - 4　不同群体智能优化算法的仿真过程

资料来源：笔者运用 MATLAB 2019 软件，运行 WFWA 算法、FWA 算法、PSO 算法、GA 算法程序代码后绘制而得。

表 5 - 4　　　　　　　　　　　　　　　仿真结果

项目	WFWA	FWA	PSO	GA
最优解	2.079e + 08	2.192e + 08	2.155e + 08	2.244e + 08
最差解	3.148e + 08	2.741e + 08	3.232e + 08	3.044e + 08
平均最优解	2.125e + 08	2.261e + 08	2.178e + 08	2.274e + 08
标准方差	1.372e + 07	1.105e + 07	8.951e + 06	5.498e + 06

资料来源：笔者运用 MATLAB 2019 软件，运行 WFWA 算法、FWA 算法、PSO 算法、GA 算法程序代码后整理而得。

运用 WFWA 算法，可计算出每种境外邮轮船供食品的订购周期，境外邮轮船供食品订购周期计算结果，如表 5 - 5 所示。

表 5 - 5　　　　　　　　境外邮轮船供食品订购周期计算结果

订购周期	结果值	调整值
X_1	2.2806	2
X_2	3.2968	3
X_3	1.3011	1
X_4	2.4346	2
X_5	4.8441	5
X_6	2.2445	2
X_7	5.2910	5
X_8	2.4576	2
X_9	3.6690	4
X_{10}	8.4158	8

资料来源：笔者运用 MATLAB 2019 软件，运行 WFWA 算法后整理而得。

根据约束条件 $\sum_{i=1}^{n} R_i X_i t \leqslant V$，可计算出这批境外邮轮船供食品的基本订购周期，如下：

$$t > \frac{V}{\sum_{i=1}^{n} R_i X_i} = 0.0283$$

令 $T^* = 0.0283$ 季度，即 3 天。

由表 5 - 5 及式（5 - 1）可以知道，X_i 调整后，境外邮轮船供食品 3 的订购周期为 3 天；境外邮轮船供食品 1、4、6、8 的订购周期为 6 天；境外邮轮船供食品 2 的订购周期为 9 天；境外邮轮船供食品 9 的订购周期为 12 天；境外邮轮船供食品 5、7 的订购周期为 15 天；境外邮轮船供食品 10 的订购周期为 24 天。

因此，可以知道每种境外邮轮船供食品的订购量，保税邮轮船供食品订购量计算结果，如表 5 - 6 所示。

表 5 - 6　　　　　　　　保税邮轮船供食品订购量计算结果

订购量	Q_1	Q_2	Q_3	Q_4	Q_5	Q_6	Q_7	Q_8	Q_9	Q_{10}
计算结果	96	102	42	57	57	68	28	28	91	136

资料来源：笔者根据式（5 - 2）计算后整理而得。

最后，可以求出这批境外船供食品的总订购成本，如下：

$$TC = \frac{B + \sum_{i=1}^{n} \frac{b_i}{X_i}}{T^*} + \sum_{i=1}^{n} \frac{Q_i H_i}{2} = 28077(元)$$

第五节　本章小结

在邮轮船供物资采购全球化背景下，为了提高境外邮轮船供物资供船操作的便利性，本章基于境外邮轮船供物资的保税供应需求，考虑境外采购船供物资具有不同的订购周期和订购成本，从供应链角度出发，以境外邮轮船供物资采购、配送和库存协同运作成本最小化为优化目标，构建了基于保税仓库的境外邮轮船供物资多品种联合订购模型，该模型综合考虑了采购成本、库存成本和配送成本，对境外邮轮船供物资采购成本优化具有现实意义。同时，针对目前大多数群体智能优化算法存在收敛速度慢、容易陷入局部最优等缺点，提出了引入惯性权重的烟花算法（WFWA）求解模型，最后，用算例分析对比了其与 GA 算法、PSO 算法和 FWA 算法三种群体智能优化算法的仿真结果，验证了上述算法的有效性。在模型中，基本订购成本和库存容量是两个关键初始值，它们与订购周期密切相关。随着境外船供物资基本订购费用减少，每种境外船供物资的订购周期与基本订购周期的差距增大，总成本降低。同时，境外邮轮船供物资多品种联合订购的优势将更加明显。随着保税仓库库存能力降低，基本订购周期会缩短，每种境外船供物资的订购周期也会缩短，导致成本上升。然而，库存容量过大，会导致保税仓库资源浪费和仓储成本增加。

第六章 考虑时间线的短保质期邮轮船供物资多阶段补给优化

邮轮船供物资多数为船上人员消耗品，短时间供应量巨大，品种多，如，新鲜蔬菜、水果等具有短保质期的邮轮船供物资，其库存管理水平直接影响邮轮公司的运营成本和服务质量。客户需求的不确定性，邮轮储藏舱室容积的有限性，都给短保质期邮轮船供物资补给带来难题。因此，科学预测并合理确定邮轮船供物资储备量尤为重要，本章从系统需求角度出发，考虑了具有短保质期的邮轮船供物资的库存水平控制问题，核心是降低成本和保证供应之间的平衡，出于对短保质期船供物资中食品新鲜安全因素的考虑，根据邮轮船供物资补给的时间线和阶段，研究了考虑时间线的短保质期邮轮船供物资多阶段补给决策问题。

第一节 问题描述

邮轮船供物资中大多数快消品，如，应季新鲜的蔬菜和水果等，保质期短，经不起跨洋运输，出于新鲜和安全考虑，直接从邮轮母港和途经港口购买，邮轮储藏舱室容积限制其补给量，因此，会根据邮轮旅程的每个阶段确定。除了考虑成本因素，还需考虑每个阶段之前的库存剩余和未来需求进行预测。除各种生产成本外，还应考虑单位缺货成本和库存剩余管理成本，当需求超过可用库存时，就会出现短缺成本，将在很大程度上导致邮轮公司的商誉损失。而剩余成本是航程结束时的库存剩余产生的成本。此时，邮轮会产生未消费船供物资相关的处置成本，包括因库存过剩而产生的机会成本。本章模型假设，短保质期邮轮船供物资在航程中是新鲜的和可消耗的。

　　根据邮轮运营计划，邮轮采购部门需要编制年度物资需求总体计划，然后，分解到每个航次，并按运营中每航次的实际载客量确定需求量。邮轮入住率通常接近100%，因此，邮轮公司为获得价格折扣提前签订采购合同。第一次补给发生在邮轮离港前（阶段0），为确保安全、价格可靠的船供物资供应，邮轮公司为避免市场价格波动，会选择与供应商签订长期战略合同，以此降低船供物资采购成本。第二次补给发生在邮轮航行期间（阶段2），消费者需求信息发生变化，为满足消费者需求，避免需求波动造成缺货风险，邮轮公司会在邮轮停靠港的现货市场进行补给，此时，采购提前期几乎为0。t1时段的需求已经满足，观测到需求信号e，因此，t2时段的补货将基于需求信号更新预测，然后，修改订单数量。邮轮船供物资补给的时间线和阶段，如图6-1所示。在t1时段结束时，如果邮轮上的乘客需求不完全满足，将会出现物资短缺。此时，需要考虑需求信息丢失。

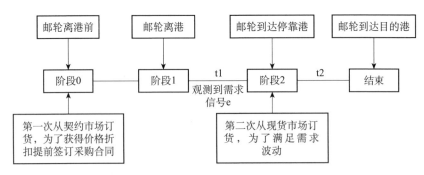

图6-1　邮轮船供物资补给的时间线和阶段

资料来源：笔者根据 Erkoc M., Iakovou Eleftherios T., Spaulding Andre E. Multi-stage onboard inventory management policies for food and beverage items in cruise liner operations [J]. Journal of Food Engineering, 2005, 70 (3)：269-279 的相关资料整理绘制而得。

第二节　模型构建

一、符号说明

　　为了更好地理解后续的数学模型，对本章涉及的各种参数和变量的数学符号和定义进行了全面总结。数学符号及其定义，如表 6 - 1 所示。

表 6 - 1　　　　　　　　　　数学符号及其定义

符号	定　义
p	所订购邮轮船供物资的单位售价
Q	邮轮船供物资第一次在契约市场的订购量（决策变量）
q	邮轮船供物资第二次在停靠港现货市场的订购量（决策变量）
c_1	邮轮船供物资从契约市场的采购价格
c_2	邮轮船供物资从停靠港现货市场的采购价格
r	邮轮船供物资过剩时的残值
s	邮轮船供物资的单位缺货成本
x	邮轮船供物资在 t1 时段的需求量
y	邮轮船供物资在 t2 时段的需求量
L	邮轮船供物资在第 1 阶段结束后的剩余库存量（L = Q - x）
$f_1(x)$	邮轮船供物资在 t1 时段的需求概率密度函数（$f_1(x) \geq 0$）
$F_1(x)$	邮轮船供物资在 t1 时段需求的分布函数
$f_2(y \mid x)$	邮轮船供物资在 t2 时段需求的条件概率密度函数
$F_2(y \mid x)$	邮轮船供物资在 t2 时段需求的分布函数
$\tilde{e}$	邮轮在航程 t1 时段结束后收集的市场观测需求信号
μ_2	邮轮船供物资在 t2 时段市场需求的期望

资料来源：笔者编制。

在表 6 - 1 中，假设 $r \leq c_2 \leq c_1 \leq p$，更符合实际情况。

二、模型构建

考虑时间线的邮轮船供物资多阶段补给的目标是最大化两次补给的预期总利润，因此，构建以邮轮船供物资补给时间线和阶段的两阶段补给利润之和最大化为目标的优化模型。在平衡短保质期邮轮船供物资成本和供应的前提下，根据前一阶段观测到的市场需求信号更新、预测下一阶段的补给量，确定合理储备量，将补给利润最大化。

根据邮轮航线规划，邮轮从母港出发后，途中会挂靠一次停靠港，考虑两次订购机会，包括母港的契约市场和挂靠港的现货市场。在第 0 阶段，邮轮离港前在契约市场进行第一次订购，邮轮在运营开始时的物资库存为零。在阶段 1，邮轮离开港口并开始销售库存，在邮轮旅行过程中销售几天后，邮轮到达停靠港，即阶段 2，邮轮公司会利用 t1 时段的需求信息，更新下一个销售周期内的需求信息，决定是否进行第二次订购以及订购多少。邮轮公司补给的目标，是最大化两次订购的预期总利润。在本节中，使用随机动态规划和逆向归纳，推导最优补货策略。在阶段 2，研究了基于邮轮中途停靠港库存水平的最优订单。在此基础上，给出了阶段 0 的最优采购策略。下面将通过以下两个阶段确定两次补货的最优策略。

（一）阶段 2：邮轮中途停靠港的补给

在阶段 2，当采用逆序法求解邮轮两阶段补货问题时，第一次补给决策已经完成，无法改变，该问题可视为经典的报童模型。因此，可以给出阶段 2 的预期利润，见式（6-1）。

$$\prod_2(q) = pE\min(y,q) - sE(y-q)^+ + rE(q-y)^+ - c_2 q$$

$$= (p - c_2 + s)q - (p - r + s)\int_0^q F_2(y \mid \tilde{e})dy - s\mu_2(\tilde{e})$$

$$(6-1)$$

$\tilde{e}$ 已知，对式（6-1）求二阶导数，得式（6-2）：

$$\frac{\partial^2 \prod_2(q,\tilde{e})}{\partial^2 q} = -(p - r + s)f(q \mid \tilde{e}) \leq 0 \qquad (6-2)$$

因此，$\prod_2(q, \tilde{e})$ 是凹函数，其一阶最优条件可以表示为式（6-3）。

$$\frac{\partial \prod_2(q,\tilde{e})}{\partial q} = p - c_2 + s - (p - r + s)F(q \mid \tilde{e}) = 0 \qquad (6-3)$$

由式（6-3）可得式（6-4）。

$$F(q \mid \tilde{e}) = \frac{p + s - c_2}{p + s - r} \qquad (6-4)$$

当邮轮行程的 t1 时段结束时，邮轮观测到市场信号 $\tilde{e}$。若 t1 时段的市场需求小于从契约市场的第一次订购量（即 x < Q），则 $\tilde{e}$ 是完全信息；

若 t1 时段的市场需求大于从契约市场的第一次订购量（即 x > Q），则 $\tilde{e}$ 为不完全信息。因此，阶段 2 的最优解 q^* 有完全信息下的最优解和不完全信息下的最优解两种形式，见式（6-5）。

$$q^* = F_2^{-1}(k \mid \tilde{e}) = \begin{cases} q_1^*(x) , \tilde{e} = x < Q \\ q_2^*(Q) , \tilde{e} = Q < x \end{cases} \qquad (6-5)$$

在式（6-5）中，$k = \dfrac{p + s - c_2}{p + s - r}$，k 表示服务水平，$q_1^*$ 表示第 2 阶段完全信息下的最优解，q_2^* 表示第 2 阶段不完全信息下的最优解。

（二）阶段 0：邮轮出发离港前的补给

当邮轮从中途停靠港现货市场的补给决策完成后，反向推至邮轮离港前的契约市场，其订购量的利润函数，见式（6-6）。

$$\Pi_1 = \begin{cases} px - c_1 Q & , 0 \leq \tilde{e} = x \leq Q \\ (p - c_1)Q - s(x - Q) , & \tilde{e} = Q < x \end{cases} \qquad (6-6)$$

在式（6-6）中，情形一表示邮轮船供物资供给大于需求，是完全信息下 t1 时段的利润函数；情形二表示邮轮船供物资供给小于需求，是不完全信息下 t1 时段的利润函数。

如果剩余库存为 L，L = max（0，Q - x），可以得到阶段 2 从现货市场的订购量，式（6-7）。

$$q = \begin{cases} 0 & , x \leq Q - q \\ q_1^* - (Q - x) , Q - q^* < x \leq Q \\ q_2^* & , x > Q \end{cases} \qquad (6-7)$$

假设 g（Q）= Q - q_1^*，则 t2 时段的最优期望订购量，见式（6-8）。

$$E(q^* \mid Q) = \int_{g(Q)}^{Q} [q_1^* - (Q - x)] f(x) dx + \int_{Q}^{\infty} q_2^* f(x) dx \quad (6-8)$$

因此，t2 时段的利润函数，见式（6-9）。

$$\Pi_2 = \begin{cases} \Pi_{21}(Q - x) + c_1(Q - x) , & x < g(Q) \\ \Pi_{21}(q_1^*) + c_1(Q - x) , g(Q) \leq x \leq Q \\ \Pi_{22}(q_2^*) & , x > Q \end{cases} \qquad (6-9)$$

根据式（6-9），可得：

$$
\Pi_2 = \begin{cases}
p(Q-x)F_2(Q-x) - (p-r)\int_0^{Q-x} F_2(y\mid x)dy + c_1(Q-x), & x < g(Q) \\[2mm]
(p-c_2+s)q_1^* - (p-r+s)\int_0^{q_1^*} F_2(y\mid \tilde{e})dy - s\mu_2(\tilde{e}) + c_1(Q-x), & g(Q) \le x \le Q \\[2mm]
(p-c_2+s)q_2^* - (p-r+s)\int_0^{q_2^*} F_2(y\mid \tilde{e})dy - s\mu_2(\tilde{e}), & x > Q
\end{cases}
$$

$$(6-10)$$

从两个阶段的总体情况来看，邮轮的预期利润，见式（6-11）。

$$
E\Pi(Q,q) = E\Pi_1 + E\Pi_2
$$

$$
= \int_0^Q (px - c_1 Q)f_1(x)dx + \int_Q^\infty \left[(p-c_1)Q - s(x-Q) \right]f_1(x)dx
$$

$$
+ \int_0^{g(Q)} \left[\Pi_{21}(Q-x) + c_1(Q-x) \right]f_1(x)dx
$$

$$
+ \int_{g(Q)}^Q \left[\Pi_{21}(q_1^*) + c_1(Q-x) \right]f_1(x)dx + \int_Q^\infty \Pi_{22}(q_2^*)f_1(x)dx
$$

$$
= \int_0^Q (px - c_1 Q)f_1(x)dx + \int_Q^\infty \left[(p-c_1)Q - s(x-Q) \right]f_1(x)dx
$$

$$
+ \int_0^{g(Q)} \left[(p(Q-x)F_2(Q-x) - (p-r)\int_0^{Q-x} F_2(y\mid x)dy + c_1(Q-x) \right]f_1(x)dx
$$

$$
+ \int_{g(Q)}^Q \left[(p-c_2+s)q_1^* - (p-r+s)\int_0^{q_1^*} F_2(y\mid \tilde{e})dy - s\mu_2(\tilde{e}) + c_1(Q-x) \right]f_1(x)dx
$$

$$
+ \int_Q^\infty \left[(p-c_2+s)q_2^* - (p-r+s)\int_0^{q_2^*} F_2(y\mid \tilde{e})dy - s\mu_2(\tilde{e}) \right]f_1(x)dx
$$

$$(6-11)$$

对于邮轮来说，决策需要在分析现有需求信息的基础上，确定最优的合同订购量 Q^*，从而使总期望利润最大化，即最大化 $\sum_{i=1}^n E\Pi(Q)$。

因此，将邮轮的补给决策模型 M 表示为式（6-12）。

$$
\max E\Pi(Q^*) = \int_0^Q (px - c_1 Q)f_1(x)dx + \int_Q^\infty \left[(p-c_1)Q - s(x-Q) \right]f_1(x)dx
$$

$$
+ \int_0^{g(Q)} \left[p(Q-x)F_2(Q-x) - (p-r)\int_0^{Q-x} F_2(y\mid x)dy + c_1(Q-x) \right]f_1(x)dx
$$

$$+ \int_{g(Q)}^{Q} \left[(p - c_2 + s) q_1^* - (p - r + s) \int_0^{q_1^*} F_2(y \mid \tilde{e}) dy - s\mu_2(\tilde{e}) \right.$$

$$+ c_1(Q - x) \big] f_1(x) dx + \int_Q^{\infty} \left[(p - c_2 + s) q_2^* - (p - r + s) \int_0^{q_2^*} \right.$$

$$F_2(y \mid \tilde{e}) dy - s\mu_2(\tilde{e}) \big] f_1(x) dx$$

$$\text{s. t.} \quad Q_i \geqslant 0 \tag{6-12}$$

在式（6-12）中，第一个子目标函数是邮轮的期望利润最大化，第二个子目标函数表示合同订购量的非负约束。

（三）信息更新

邮轮船供物资的补货需求受船上消费者喜好及消费习惯的影响，具有非常高的不确定性，处于随机、波动的状态。在第 0 阶段，当邮轮从契约市场购买船供物资时，假设市场需求服从的概率密度函数为 $f(x \mid \theta)$，且参数 θ 未知，θ 满足先验分布 $\pi_1(\theta)$。当观察到市场需求信号 $\tilde{e}$ 时，可以更新需求的后验分布。

考虑到模型计算的方便性，根据拉里维耶尔和波特乌斯（Lariviere and Porteus, 1999）的研究，概率密度函数和先验分布函数，分别见式（6-13）和式（6-14）。

$$f(x \mid \theta) = e(x \mid \theta) = \theta e^{-\theta x} (x \geqslant 0) \tag{6-13}$$

$$\pi_1(\theta) = gam(\theta \mid \alpha, S) = \frac{1}{S^{\alpha} \Gamma(a)} \theta^{\alpha-1} e^{-\frac{x}{S}} (\alpha > 1, S > 0) \tag{6-14}$$

接下来，根据贝叶斯信息更新理论，可以得出邮轮 t1 时段需求的概率密度函数和分布函数，分别见式（6-15）、式（6-16）。

$$f_1(x) = \int_0^{\infty} f(x \mid \theta) \pi_1(\theta) d\theta = \frac{\alpha S^{\alpha}}{(S + x)^{\alpha+1}}, x \geqslant 0 \tag{6-15}$$

$$F_1(x) = \int_0^x f_1(t) dt = 1 - \frac{S^{\alpha}}{(S + x_i)^{\alpha}}, x \geqslant 0 \tag{6-16}$$

在观测信号 $\tilde{e}$ 已知的情况下，这些函数与市场信号密切相关，如，现货市场需求的先验分布为 $\pi_2(\theta \mid \tilde{e})$，无条件概率密度函数为 $f_2(y \mid \tilde{e})$，无条件分布函数为 $F_2(y \mid \tilde{e})$，期望需求为 $\mu_2(\tilde{e})$，最优订购量为 $Q^*(\tilde{e})$。但是，在 t1 时段结束后，观测到的信号 $\tilde{e}$ 可能是完全信息，也可能是不完全信息，因此，最优策略可以表示为以下两种情形。

（1）如果 $\tilde{e} = x < Q$，表示邮轮船供物资供给大于需求，那么，t1 时段不存在短缺，此时，$\tilde{e}$ 是完全信息。使用传统贝叶斯更新方法，可得：

$$\pi_2(\theta \mid \tilde{e}) = \frac{f_1(e \mid \theta)\pi_1(\theta)}{\int f_1(e \mid \theta)\pi_1(\theta)d\theta} = \mathrm{gam}(\theta_i \mid \alpha + 1, S + \tilde{e}) = \pi_{21}(\theta \mid \tilde{e})$$

$$(6-17)$$

$$f_2(y \mid \tilde{e}) = \int_0^\infty f_1(y \mid \theta)\pi_2(\theta \mid \tilde{e})d\theta = \frac{(\alpha + 1)(S + \tilde{e})^{\alpha+1}}{(S + \tilde{e} + y)^{\alpha+2}} = f_{21}(y \mid \tilde{e})$$

$$(6-18)$$

$$\mu_2(\tilde{e}) = \int_0^\infty x f_{21}(x \mid \tilde{e})dx = \frac{S + e_i}{\alpha} = \mu_{21}(\tilde{e}) \qquad (6-19)$$

$$F_2(y \mid \tilde{e}) = \int_0^y f_{21}(t \mid \tilde{e})dt = 1 - \frac{(S + \tilde{e})^{\alpha+1}}{(S + \tilde{e} + y)^{\alpha+1}} = F_{21}(y \mid \tilde{e})$$

$$(6-20)$$

$$q_1^* = F_{21}^{-1}(k \mid \tilde{e}) = (S + \tilde{e})\left[\left(\frac{1}{1-k}\right)^{\frac{1}{\alpha+1}} - 1\right] \qquad (6-21)$$

$$\Pi_{21}(Q - x) = (p - c_1 + s)(Q - x) - (p - r + s)\int_0^{Q-x} F_2(y \mid \tilde{e})dy - s\mu_2(\tilde{e})$$

$$= (r - c_1)(Q - x) - (p - r + s)\int_0^{Q-x} \frac{(S + \tilde{e})^{\alpha+1}}{(S + \tilde{e} + y)^{\alpha+1}}dy - s\frac{S + \tilde{e}}{\alpha}$$

$$= (r - c_1)(Q - x) + (p - r + s)\frac{(S + \tilde{e})^{\alpha+1}}{\alpha(S + \tilde{e} + Q - x)} - s\frac{S + \tilde{e}}{\alpha}$$

$$(6-22)$$

$$\Pi_{21}(q_1^*) = (p - c_2 + s)q_1^* - (p - r + s)\int_0^{q_1^*} F_2(y \mid \tilde{e})dy - s\mu_2(\tilde{e})$$

$$= (r - c_2)q_1^* + (p - r + s)\int_0^{q_1^*} \frac{(S + \tilde{e})^{\alpha+1}}{(S + \tilde{e} + y)^{\alpha+1}}dy - s\frac{S + \tilde{e}}{\alpha}$$

$$= (r - c_2)(S + \tilde{e})\left[\left(\frac{1}{1-k}\right)^{\frac{1}{a+1}} - 1\right] + (p - r + s)\frac{(S + \tilde{e})^{\alpha+1}}{\alpha(S + \tilde{e} + Q - x_i)} - s_i\frac{S + \tilde{e}}{\alpha}$$

$$(6-23)$$

（2）如果 $\tilde{e} = Q_i < x$，表示邮轮船供物资供给小于需求，那么，t1 时段存在短缺，此时，$\tilde{e}$ 是不完全信息。运用不完全信息更新理论，可得：

$$\pi_2(\theta \mid \tilde{e}) = \frac{(\int_Q^\infty f(\tilde{e} \mid \theta) d\tilde{e}) \pi_1(\theta)}{\int (\int_Q^\infty f(\tilde{e} \mid \theta) d\tilde{e}) \pi_1(\theta) d\theta} = gam(\theta \mid \alpha, S + Q) = \pi_{22}(\theta)$$

$$(6 - 24)$$

$$f_2(x \mid \tilde{e}) = \int_0^\infty f_1(x \mid \theta) \pi_2(\theta \mid \tilde{e}) d\theta = \frac{\alpha (S + Q)^{a+1}}{(S + Q + x)^{a+1}} = f_{22}(x)$$

$$(6 - 25)$$

$$F_2(x \mid \tilde{e}) = \int_0^x f_2(t \mid \tilde{e}) dt = 1 - \frac{(S + Q)^a}{(S + Q + x)^a} = F_{22}(x)$$

$$(6 - 26)$$

$$\mu_2(\tilde{e}) = \int_0^\infty x f_2(x \mid \tilde{e}) dx_i = \frac{S + Q}{\alpha - 1} = \mu_{22}(\tilde{e}) \qquad (6 - 27)$$

$$q_2^* = F_2^{-1}(k \mid \tilde{e}) = (S + Q) [(\frac{1}{1 - k})^{\frac{1}{a}} - 1] \qquad (6 - 28)$$

$$\Pi_{22}(q_2^*) = (p - c_2 + s) q_2^* - (p - r + s) \int_0^{q_2^*} F_2(y \mid \tilde{e}) dy - s\mu_2(\tilde{e})$$

$$= (r - c_2) q_2^* + (p - r + s) \int_0^{q_2^*} \frac{(S + Q)^\alpha}{(S + Q + y)^\alpha} dy - s \frac{S + Q_i}{\alpha - 1}$$

$$= (r - c_2)(S + Q) [(\frac{1}{1 - k})^{\frac{1}{a}} - 1] + (p - r + s) \frac{(S + Q)^\alpha (S + Q + q_i^*)}{1 - \alpha} - s \frac{S + Q}{\alpha - 1}$$

$$(6 - 29)$$

第三节 模型求解

命题： 在式（6 - 12）中，假设先验分布为伽马分布，无条件分布为指数分布，则邮轮的期望利润 EΠ（Q，q）必然是 Q 的凹函数。因此，存在一个最优解 Q*。

证明： 模型 M 的表达式比较复杂，为了简化证明过程，假设 M 是 Q

关于任意 x 的凹函数，则所有 x 都是 Q 的凹函数。

将两个阶段的利润总和表示为分段的形式，见式（6-30）。

$$\Pi = \begin{cases} \Pi_2(q_2^*(Q)) + (p+s-c_1)Q - sx, & 0 \leqslant Q < x \\ \Pi_2(q_1^*(x)) + (p-c_1)x, & x \leqslant Q < g^{-1}(x) \quad (6-30) \\ \Pi_2(Q-x) + (p-c_1)x, & Q \geqslant g^{-1}(x) \end{cases}$$

在式（6-30）中，$g^{-1}(x)$ 表示 $g(x)$ 的逆函数，若 $x = g(Q)$，则 $Q = g^{-1}(x)$。

计算式（6-30）的一阶导数，见式（6-31）。

$$\frac{\partial \Pi}{\partial Q} = \begin{cases} p - s - c_1 + \dfrac{\partial \Pi(q_2^*(Q))}{\partial Q}, & 0 \leqslant Q < x \\ 0, & x \leqslant Q < g^{-1}(x) \quad (6-31) \\ \dfrac{\partial \Pi_2(Q-x)}{\partial Q}, & Q \geqslant g^{-1}(x) \end{cases}$$

在式（6-30）的第一个分段函数中，如果邮轮运营中市场需求服从伽马指数分布，那么，结合先验分布信息和贝叶斯信息更新理论，可得式（6-32）。

$$\begin{aligned} \Pi_2(q_2^*) &= (p+s-c_1)q_2^* - (p+s-r)\int_0^{q_2^*} F_2(x \mid Q)dx - s\mu_2(\tilde{e}) \\ &= (p+s-r)\int_0^{q_2^*} \left(\frac{S+Q}{S+Q+x}\right)dx - s\frac{S+Q}{\alpha-1} \\ &= (p+s-r)\frac{(S+Q)^\alpha(S+Q+q_2^*)}{1-\alpha} - s\frac{S+Q}{\alpha-1} \end{aligned}$$

$$(6-32)$$

因此，式（6-32）的一阶导数和二阶导数，为式（6-33）、式（6-34）。

$$\frac{\partial \Pi_2(q_2^*)}{\partial Q} = \frac{p+s-c_1}{1-\alpha}\left[\alpha(S+Q)^{\alpha-1} + (A+1)^{1-\alpha}\right](1-\alpha)(S+Q)^{-\alpha} - S] - \frac{S}{\alpha-1}$$

$$(6-33)$$

$$\frac{\partial^2 \Pi_2(q_2^*)}{\partial Q^2} = \frac{p+s-c_1}{1-\alpha}\left[\alpha(\alpha-1)(S+Q)^{\alpha-2} - \alpha(1-\alpha)\frac{1}{(A+1)^{\alpha-1}}\frac{1}{(S+Q)^{\alpha+1}}\right]$$

$$(6-34)$$

由伽马分布函数的定义可知，$\alpha > 1$，将其代入式（6-31），可得 $\dfrac{\partial^2 \Pi_2(q_2^*)}{\partial Q^2} < 0$，第一个分段函数是 Q 的凹函数；第二个分段函数是常数；第三个分段函数是一个简单的报童模型，根据经典报童模型，$\Pi_2(Q-x)$ 是关于 Q 的凹函数。

总而言之，在模型 M 中，对于任意 x，三个分段函数有的是凹函数，有的是常数，因而，存在最优解 Q^*，故命题得证。

第四节 算例仿真分析

一、参数设置

根据某邮轮公司的运营规划，一艘航程为 7 天的国际邮轮，从中国上海邮轮母港出发后，中途会停靠韩国济州、日本福冈。为满足邮轮运营中所需玉米的供应，邮轮第一次以合同采购协议价在邮轮母港契约市场的采购价格为 $c_1 = 11$ 元/单位，第二次在日本福冈停靠港现货市场的采购价格为 $c_2 = 12$ 元/单位，玉米的售价为 $p = 18$ 元/单位。当邮轮上玉米的库存水平不能满足邮轮旅客需求时，面临的缺货损失费用是 $s = 0.5$ 元/单位，在第 2 阶段结束后，若玉米有剩余需要进行残值处理，残值是 $r = 10$ 元/单位。

邮轮公司在邮轮运营计划确定后签订采购协议以获取低价，邮轮中途停靠，还有一次从现货市场订货的机会，每个阶段的市场需求都服从独立分布。

需求的概率密度函数为 $f(x|\theta)$，且 $f(x|\theta) = \theta e^{-x\theta}$，其中，$\theta$ 为均值的倒数，先验分布 $\pi(\theta) \sim \Gamma(\alpha, S) = S^\alpha \theta^{\alpha-1} e^{-\theta S} / \Gamma(\alpha)$，$t1$ 阶段市场需求 x 的无条件概率密度函数 $f_1(x) = \alpha S^\alpha / (S+\alpha)^{\alpha+1}$，其中，令 $\alpha = 3$，$S = 5$。

在这种假设前提下，根据贝叶斯信息更新理论可知，$\pi(\theta)$ 的后验分布为完全信息情况下更新模式和不完全信息情况下更新模式两种情况：一种是完全信息，则更新为 $\widehat{\pi}(\theta) \sim \Gamma(\alpha+1, S+x) = \dfrac{(S+x)^\alpha}{\Gamma(\alpha+1)} \theta^\alpha e^{-\theta(S+x)}$；另

一种是不完全信息，则更新为 $\hat{\pi}(\theta) \sim \begin{cases} \Gamma(\alpha+1, S+x), x < Q, \tilde{e} = x \\ \Gamma(\alpha, S+Q), x \geq Q, \tilde{e} = Q \end{cases}$

二、仿真步骤

在 MATLAB 环境下，使用期望最大化（expectation - maximization，EM）算法，具体步骤如下：

步骤1：依次对参数 c_1、c_2、p、s、r 以及需求分布的参数 θ、α、S 赋值；

步骤2：在可行域内，最大化邮轮公司的期望利润 $E\Pi(Q, q)$，即最大化模型 M；

步骤3：通过迭代，从得到的所有最大期望利润值中找出最大值，并且，找出对应的 Q^* 值和 $E(q^*)$ 值；

步骤4：改变参数值，比较参数的灵敏度。

三、仿真结果分析

按照上述仿真步骤，得到最优订购决策结果 $Q^* = 1.664$，$E(q^*) = 0.459$，$E\Pi = 1.842$。

（一）p 变化下灵敏度分析

通过改变短保质期邮轮船供物资的单位售价 p，分析其对订购量以及期望利润的影响，p 变化下灵敏度分析结果，如表 6 - 2 所示。

表 6 - 2　　　　　　　　　　p 变化下灵敏度分析结果

p	Q^*	$E(q^*)$	$E\Pi$
18	1.664	0.459	1.842
19	1.713	0.481	2.517
20	1.753	0.499	3.198
21	1.786	0.515	3.885

资料来源：笔者通过本章模型计算整理而得。

从表 6 - 2 可以看出，在其他条件不变的前提下，随着短保质期邮轮船供物资的单位售价增加，契约市场的最优订购量及最大期望总利润都随之增加，这说明提高短保质期邮轮船供物资单价，必然会增加邮轮公司利润，对邮轮公司来说订购量越大越好。

（二）c_2 变化下灵敏度分析

短保质期邮轮船供物资第二次从邮轮停靠港现货市场以不同采购价 c_2 对邮轮公司两次订购的最优订购量以及期望利润的影响，c_2 变化下灵敏度分析结果，如表6－3所示。

表6－3　　　　　　　　　c_2 变化下灵敏度分析结果

c_2	Q^*	$E(q^*)$	EΠ
11	1.576	0.593	2.542
12	1.644	0.459	1.842
13	1.749	0.420	1.420
14	1.909	0.352	1.231

资料来源：笔者通过本章模型计算整理而得。

从表6－3可以看出，随着停靠港现货市场采购价格上涨，邮轮公司从现货市场的订购量减少，增加从契约市场的订购量，且邮轮公司的总体利润减少。

（三）r 变化下灵敏度分析

通过改变短保质期邮轮船供物资过剩库存产生的残值 r，得到邮轮公司两次订购的最优订购量以及期望利润，r 变化下灵敏度分析结果，如表6－4所示。

表6－4　　　　　　　　　r 变化下灵敏度分析结果

r	Q^*	$E(q^*)$	EΠ
11	1.930	0.586	2.537
10	1.664	0.459	1.842
9	1.622	0.440	1.759
8	1.518	0.396	1.436

资料来源：笔者通过本章模型计算整理而得。

从表6－4可以看出，随着处理价格逐渐降低，在邮轮母港契约市场和停靠港当地现货市场的最优订购量有不同程度的减少，这主要是在邮轮上游客消费需求不确定情形下，如果处理价格在一定程度上降低，而订购量超出了需求量，邮轮公司为了避免剩余库存，会选择保守库存策略以减少损失。

(四) α 变化下灵敏度分析

短保质期邮轮船供物资不同形状参数 α 对邮轮公司两次订购的最优订购量以及期望利润的影响，α 变化下灵敏度分析结果，如表 6 - 5 所示。

表 6 - 5　　　　　　　　α 变化下灵敏度分析结果

α	Q^*	$E(q^*)$	EΠ
2	2.911	0.989	5.787
3	1.664	0.459	1.842
4	1.263	0.330	2.081
5	0.985	0.243	1.392

资料来源：笔者通过本章模型计算整理而得。

从表 6 - 5 可以看出，形状参数 α 的变化对邮轮公司订购决策的影响，随着 α 逐渐增大，邮轮公司在两种市场的最优订购量都有不同程度下降，这主要是由伽马分布函数性质决定的，随着市场形状参数值变大，市场不确定性因素更多，邮轮公司对市场需求的预测更加困难。

(五) S 变化下灵敏度分析

短保质期邮轮船供物资不同规模参数 S 对邮轮公司两次订购的最优订购量以及期望利润的影响，S 变化下灵敏度分析结果，如表 6 - 6 所示。

表 6 - 6　　　　　　　　S 变化下灵敏度分析结果

S	Q^*	$E(q^*)$	EΠ
3	1.058	0.302	1.637
5	1.664	0.459	1.842
7	2.454	0.699	4.683
9	3.149	0.896	6.092

资料来源：笔者通过本章模型计算整理而得。

从表 6 - 6 可以看出，规模参数 S 的变化对邮轮公司订购决策的影响，随着 S 逐渐变大，邮轮公司在两种市场的最优订购量以及期望利润都不断增加，主要原因是 S 变大意味着市场容量增加，加之信息更新使得预测越精准，邮轮可以通过增加订购量来提高收益。

由以上分析可以看出，根据短保质期邮轮船供物资补给的两次补给过程，以邮轮公司两阶段收益最大化为目标函数建立模型，通过不同参数的灵敏度分析，邮轮公司期望利润和最优订购量与规模参数显著相关，说明邮轮上短保质期船供物资市场需求容量越大，观测到的短保质期邮轮船供物资需求信息越准确时，其期望利润和最优订购量越大。如果邮轮上消费需求不确定性因素增加，邮轮公司观测到的短保质期船供物资需求信息可能存在偏差，影响邮轮订购策略和利润。另外，邮轮在停靠港的短保质期船供物资补给订购量受当地现货市场采购价格的影响，如果短保质期船供物资采购价格过高，邮轮公司会增加第一次补给的库存量，减少第二次补给的订购量，但这会降低邮轮公司的期望利润。同时，短保质期船供物资过剩库存产生的残值降低，为了保证短保质期邮轮船供物资供应品质，邮轮公司出于新鲜因素和安全因素考虑，会采取保守的减少订购量的补给策略，同时，邮轮公司期望利润也会减少。

第五节　本章小结

本章讨论了邮轮补给过程中的一个实际问题——考虑时间线的短保质期邮轮船供物资双源、多阶段补给决策研究。第一次订货发生在邮轮出发前，为了获得价格折扣提前签订采购合同从契约市场订货。然后，邮轮旅程中，如果需要进行补给，除了在邮轮母港进行第一次补给之外，还可以在中途停靠港（现货）市场进行第二次补给。因此，可以将邮轮航行过程分为两个时段，其中，从邮轮母港出发后到中途停靠港可划分为第一个时段，从中途停靠港到目的港可划分为第二个时段。邮轮通过第一个时段收集的消费者需求信息可作为观察需求信号，对第二个时段的市场需求进行更新预测，在更新预测过程中，考虑需求信息删失（DIC）并引入贝叶斯不完全信息更新理论。构建了动态需求下基于信息更新的邮轮两阶段利润最大化补给模型，在需求先验服从 Gamma 分布和无条件服从指数分布的条件下，证明模型存在唯一最优解。并通过数值算例，分析了模型中不同参数变化下的灵敏度影响，通过灵敏度分析可知，对短保质期邮轮船供物资需求的预测信息越准确，邮轮船供订购利润越大。

第七章　基于 ANP – RBF 的邮轮船供物流服务供应商评价

邮轮船供物流服务供应链需要效率高、稳定且协调良好的供应链关系，以应对市场动态配置、信息整合、及时反应等挑战。邮轮船供物流服务外包有利于邮轮企业维持稳定的货源和价格，并在一定程度上保证邮轮物资的质量。但是，目前，中国尚未有大型物流公司设立专业的保税仓库、设计专业的物流网络并提供专业的船供服务。一些从事船供的企业，规模小、仓库乱、专业性差。近年来，邮轮旅游的热潮推动了邮轮船供业的发展，然而，监管制度和市场条件的限制，使得如何引入适当的船供物流服务供应商进行有序竞争、提高服务质量，成为邮轮企业决策者亟须解决的问题。本章在介绍邮轮船供物流服务供应商内涵和类别的基础上，构建了邮轮船供物流服务供应商评价指标体系，并运用网络层次分析法（analytic network process，ANP）建立了各指标之间相互依存并反馈的关系评价决策模型，确定各指标的权重值，然后，利用 Super Decisions 软件仿真得出结果，再结合径向基函数神经网络（radial basis function neural network，简称 RBF 神经网络）进行训练及验证，提取隐含知识和规律。最后，用算例分析验证方法的有效性。

第一节　邮轮船供物流服务供应商的涵义及类别

一、邮轮船供物流服务供应商的涵义

邮轮船供物流服务供应商不是一般意义上的物流服务提供商，而是指在邮轮船供服务供应链中为供应链核心邮轮企业提供运营物流服务的供应商，即功能型物流服务提供商，包括运输、仓储、配送和通关等物

流服务的供应商，在邮轮船供物资供应链中作为邮轮企业的上游服务供应商，提供其核心优势的物流服务，并与港口企业建立了长期战略合作关系。邮轮船供物流服务供应商与港口企业的长期战略合作关系，也是区别于一般供应商最根本的特征。

二、邮轮船供物流服务供应商的类别

邮轮船供物流服务供应链是以能力合作为基础，以邮轮为核心企业，集合其他各种类型的邮轮物流服务供应商的供应链。按邮轮船供物流服务供应商的种类划分，功能型邮轮船供物流服务供应商，分为单一型邮轮船供物流服务供应商和复合型邮轮船供物流服务提供商。单一型邮轮船供物流服务供应商是仅提供单一物流服务的服务供应商，如，仓储商或配送商；复合型邮轮船供物流服务供应商是同时提供多种物流服务的服务供应商，如，第三方综合型物流企业，可同时提供运输、仓储、配送等多种服务。本章研究的物流服务供应商评价问题，主要是针对复合型物流服务供应商。

第二节　邮轮船供物流服务供应商评价指标体系

一、指标体系构建原则

在既有研究的物流服务供应商评价指标体系中，存在这些问题：如，大多指标体系的指标选择仅停留在传统供需管理模式下对物流服务供应商的能力评价上，如，质量、交货期、成本等，不能全面反映供应链管理模式下对物流服务供应商的要求，无法适应邮轮船供物资供应链全球性的特点，无法实现信息共享、风险共担的战略性合作伙伴关系。同时，邮轮船供物流服务供应商与港口企业之间建立的是一种长期、稳定、持续的战略合作伙伴关系，因此，对邮轮船供物流服务供应商协同能力的评价不可忽视，这将影响物流服务供应链的稳定良性运作。另外，很多指标体系中缺乏对物流服务供应商信息化程度的评价指标。在网络经济环境下，供应链的响应速度、个性化程度都与信息密切相关。对物流服务供应商信息化水平成熟程度的评价，是合作成功、稳定的重要前提。因此，邮轮企业在评价船供物流服务供应商时，需要从物流服务供应链角度出发，不仅要考察物流服务供应商的服务价格和业务水平，还要看重其与上下游企业之间的协同能力和竞争力。

在建立邮轮船供物流服务供应商评价指标体系时，应注意以下 4 个原则。

（1）简明性。评价指标应尽量简化，突出重点，易于操作。

（2）独立性。指标体系中各层次的评价指标不存在包含关系。

（3）科学性。应准确反映实际情况，以便邮轮企业能对船供物流服务供应商进行客观、全面的评价。

（4）通用性。建立的指标体系应该反映邮轮船供物流服务供应商的共性。

二、指标体系构建

在分析现有物流服务供应商选择指标体系的基础上，结合邮轮船供物资供应链的特点，建立了较为全面地反映邮轮企业在评价物流服务供应商时需要考虑的指标体系。

（一）业务水平

高超的业务水平是物流服务供应商提供高品质服务的保障，主要包括三个方面：一是准时交货率，邮轮船供物资多为船上人员的消耗品，短时间内供应量巨大，且多属于冷藏保鲜食品，对时效性要求较高。而邮轮在母港或停靠港补给的时间比较短，需要物流服务供应商在要求的时间窗内将补给物资运至邮轮，否则，造成的缺货成本损失是不可估量的；二是物流网络，邮轮船供物资供应的流动性和不可弥补性，要求有专业的物流园区、物流节点、运输通道和配送设施布局。因此，物流网络在邮轮船供物资供应链中扮演着重要的角色，物流网络的优化会影响供应商的物流服务水平和物流服务成本。

（二）信息化水平

邮轮供应链是全球性的，由多种产品和物流、信息流、资金流等组成，这使得跟踪管理过程十分烦琐和复杂。在这种"及时"的环境中，生产运输的可见性对于跟踪管理至关重要。因此，信息化水平可以凸显物流服务供应商的优势，确保其在邮轮船供物流服务中不可替代。信息化建设和系统集成能力在一定程度上反映了物流服务供应商的信息化水平。例如，信息服务系统、实时监控、货物进入、客流分离等，可以保证邮轮的顺利运营。信息化水平可以保证船舶供应商与港口企业之间信息沟通的准确性和及时性，提高合作效率，保持长期稳定的合作关系。

（三）协同能力

协同能力是物流服务供应商与港口企业、政府及其他物流服务供应商合作过程中的协作能力。协同能力主要反映了物流服务供应商的沟通协调能力和合作效率，可以从供应时间灵活性、风险应对能力、协同发展能力三个方面体现。

（四）服务价格

在传统供应链中，价格往往是企业选择评价供应商不可或缺的重要指标。同时，在服务供应链领域，价格也是不可忽视的重要指标。邮轮企业通过对服务价格的有效控制，可以全面提升服务供应链的竞争力。对邮轮船供物流服务供应商的服务价格主要包括三个方面：一是价格弹性，原因在于邮轮船供物资主要从全球采购；二是运输成本，包括仓储成本、搬运成本、分拣成本和包装成本等，不仅能反映邮轮船供物流环节的协调情况，还能反映邮轮船供物资供应链的运行情况；三是物流设施，直接影响物流服务质量。

综合以上分析，构建了邮轮船供物流服务供应商评价指标体系，如表 7 - 1 所示。

表 7 - 1　　　　　　　邮轮船供物流服务供应商评价指标体系

一级指标	二级指标	指标来源
业务水平（B1）	准时交货率（C1）	维罗纳和罗伊（2009）；武科尼等（2016）；芭蒂萨和阿德尼（Budiartha and Adnyana，2016）
	物流网络（C2）	
信息化水平（B2）	信息化建设（C3）	维罗纳和罗伊（2009）
	系统集成能力（C4）	

续表

一级指标	二级指标	指标来源
协同能力（B3）	供应时间灵活性（C5）	维罗纳、罗伊和比利（Véronneau, Roy, and Beauieu, 2015）；维罗纳和罗伊（2009）；埃尔科克等（Erkoc et al., 2005）
	风险应对能力（C6）	
	协同发展能力（C7）	
服务价格（B4）	价格弹性（C8）	雷吉纳·加洛等（Regina Galo et al., 2018）；穆罕默德等（Mohamed et al., 2020）
	运输成本（C9）	
	物流设施（C10）	

资料来源：笔者根据指标来源中的相关文献资料整理而得。

第三节 邮轮船供物流服务供应商评价方法

影响邮轮船供物流服务供应商评价的因素有很多，为便于分析处理，本章根据邮轮船供物流服务的特点，选取有限的具有代表性的几个指标进行评价分析。此外，系统中各指标之间存在一定的相互关系和相互影响，因此，本节运用网络层次分析法（ANP）确定各指标的权重。同时，为了避免 ANP 方法中相关模型在决策过程中受主观因素的影响，采用 ANP 网络层次分析法与 RBF 神经网络相结合的方法，对邮轮船供物流服务供应商进行评价。

一、网络层次分析法

网络层次分析法（analytic network process，ANP），是美国匹兹堡大学教授托马斯·萨蒂（Thomas Saaty）于 1996 年提出的一种适用于非独立的"层级式结构"的决策方法。在考量传统线性结构层级分析法（analytic hierarchy process，AHP）各个因素的相互关系及内部依存的基础上，以网络形态呈现并加以阐述及发展，系统确认组织的目标及其优化权重值，同时达成决策。具体包括以下七个步骤。

（一）建立决策问题的层级架构

网络层次分析法将决策系统分为两部分：第一部分是控制层，根据问题的性质确定目标，然后，通过文献分析，选取决策维度和子标准，建立决策层次结构。所有的决策标准都被认为是相互独立的，只受客观因素的控制。各指标的权重，可通过网络层次分析法确定。第二部分是网络层，由以控制层为主的所有元素组成，内部是相互影响的网络结构。各要素相互依存、相互支配，各要素内部、各层次相互独立。在层次结构中，每个准则支配着一个互相依存、互相反馈的网络结构。本章采用决策实验分析方法，建立了结构层的外部依赖性和准则的内外依赖性。最后，根据各影响关系（网络层）和层次结构，建立 ANP 网络层结构，如图 7-1 所示。

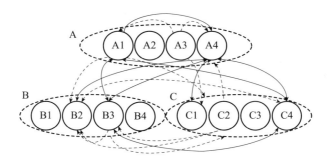

图 7-1 ANP 网络层结构

资料来源：笔者根据孙宏才，田平，王莲芬．网络层次分析法与决策科学［M］．北京：国防工业出版社，2011 的相关资料绘制而得。

（二）ANP 问卷设计与填写

建立 ANP 网络层次结构后，根据维度与子标准之间的内外部依赖关系制作 ANP 问卷。问卷内容可分为三部分：第一部分是比较结构层各维度或各层次下，评价标准的相对重要性；第二部分是比较结构层各维度间依赖性；第三部分是比较评价标准之间的依赖性。在上述各部分中都是两个元素的成对比较。在评价量表部分，萨蒂（Saaty，1980）将评价量表分为四个等级，其中，采用 1~9 分值作为判断定量值的依据，进行量化赋值，ANP 比较评估尺度，如表 7-2 所示。

表 7-2 ANP 比较评估尺度

评估尺度	定义	说明
1	同等重要	评估准则的贡献程度具有同等重要性（等强）
3	稍微重要	经验与判断稍微倾向喜好某一准则（稍强）

续表

评估尺度	定义	说明
5	比较重要	经验与判断强烈倾向喜好某一准则（颇强）
7	极重要	实际显示非常强烈倾向喜好某一准则（极强）
9	绝对重要	有足够证据肯定绝对喜好某一准则（绝强）
2，4，6，8	相邻尺度的中间值	折中值介于前后评估尺度之间

资料来源：Saaty T. L. The Analytical Hierarchy Process［M］. New York：McGraw – Hill International Book Co., 1980：95 – 115.

（三）构建两两比较矩阵

两两比较矩阵分别为构面层之间的两两比较和准则层之间的两两比较，每一网络层级架构的因素在某个指标准则下，利用 1 ~ 9 评估尺度作为比值，测量成对比较的相对重要性，该比值为构建的比较矩阵的组成元素，见式（7 -1）。

$$X = [\, x_{ij} \,]_{n \times n} = \begin{bmatrix} 1 & x_{12} & \cdots & x_{1n} \\ x_{21} & 1 & \cdots & x_{2n} \\ \vdots & \vdots & \ddots & \vdots \\ x_{n1} & x_{n2} & \cdots & 1 \end{bmatrix}_{n \times n}$$

$$x_{ij} = \frac{1}{x_{ij}} \begin{cases} \text{when } i \neq j, x_{ij} = \left[\frac{1}{9}, \frac{1}{8}, \frac{1}{7}, \frac{1}{6}, \frac{1}{5}, \frac{1}{4}, \frac{1}{3}, \frac{1}{2}, 1, 2, 3, 4, 5, 6, 7, 8, 9 \right] \\ \text{when } i = j, x_{ij} = 1 \\ i = 1, 2, \cdots, n; j = 1, 2, \cdots, n \end{cases}$$

$$(7 - 1)$$

（四）特征值与特征向量

萨蒂（1980）提出计算特征向量的方式，以行的几何平均值的归一化（normalization of the geometric mean of the rows, NGM）法最为精确。因此，本章采用 NGM 法，将矩阵列向量几何平均数标准化，几何平均值，见式（7 -2）；特征值，见式（7 -3）；特征值向量，见式（7 -4）。

$$g_{cn} = \sqrt[n]{1 \times a_{12} \times \cdots \times a_{1n}} \qquad (7 - 2)$$

$$w_{Xn} = \frac{g_{cn}}{G}, G = \sum_{y=1}^{n} g_{cy}, 1 = \sum_{y=1}^{n} w_{xy} \qquad (7 - 3)$$

$$w_i = \begin{bmatrix} w_{X1} \\ w_{X2} \\ \vdots \\ w_{Xn} \end{bmatrix} \tag{7-4}$$

（五）一致性检验

将比较矩阵结果进行一致性检验，通过一致性指标 CI 和一致性比率 CR 进行成对比较，是否有不合理的判断，决策的强弱程度是否具有一致性。

一致性比率 CR 由一致性指标 CI 除以随机变量 RI 而得，如，式（7-5）、式（7-6）。

$$CI = \frac{\lambda_{max} - n}{n - 1} \tag{7-5}$$

$$CR = \frac{CI}{RI} \tag{7-6}$$

正倒值矩阵对应阶数的随机指标，见表 7-3。

表 7-3　　　　　　　　　正倒值矩阵对应阶数的随机指标

阶数	1	2	3	4	5	6	7	8	9
RI	0.00	0.00	0.58	0.90	1.12	1.12	1.32	1.41	1.45

资料来源：孙宏才，田平，王莲芬. 网络层次分析法与决策科学 [M]. 北京：国防工业出版社，2011.

在式（7-5）、式（7-6）中，CI 值越大，表明判断矩阵偏离完全一致性的程度越大；CI 值越小（接近于 0），表明判断矩阵的一致性越好。当判断矩阵具有完全一致性时，CI = 0；当判断矩阵具有满意一致性时，需引入判断矩阵的平均随机一致性指标 RI 值。

当阶数大于 2 时，判断矩阵的一致性指标 CI 与同阶平均随机一致性指标 RI 之比称为随机一致性比率 CR，当 CR ≤ 0.10 时，可以认为判断矩阵具有满意的一致性；否则，需要调整判断矩阵。

（六）构造超级矩阵

超级矩阵是为解决系统中各准则和要素具有相依性的方法，由多个子矩阵组合而成，每个子矩阵不仅包括各群组元素的交互关系，而且，与其他群组元素的交互成对比关系。子矩阵为第（4）步计算特征向量 w_i 中，成对比较矩阵计算出的最大特征值，并由特征向量 w_i 作为矩阵的权重，形成一个超级矩阵，其运算分为以下三个步骤。

步骤1 由式 $Aw = \lambda w$ 求得的特征向量 w_i，进行正规化组合而成的原始超级矩阵，也称为未加权超级矩阵。

步骤2 未加权超级矩阵中的行值，不符合加总为 1 的原则，故必须将各行进行归一化，使每行的值总和为 1，转换为加权超级矩阵。

步骤3 将加权超级矩阵连续乘幂，形成极限化超级矩阵。在此极限化超级矩阵下，相依关系将逐渐收敛得到一个固定的收敛值，且极限值将固定不变，可以得到各评估指标的相对权重。

（七）结果分析

根据以上步骤计算出的每项指标与准则的权重，即可作为评选目前的各备选方案优先排序的依据，分析研究目标的结果与影响，权重值越高的越优先采纳，作为决策依据。

二、RBF 神经网络

径向基函数神经网络（radial basis function neural network，RBF 神经网络）将网络看作对未知函数的逼近器，是一种三层前馈网络，由输入到输出的映射是非线性的，而隐层空间到输出空间的映射是线性的，与反向传播（back propagation，BP）神经网络的主要区别在于使用不同的作用函数。BP 神经网络中隐层是 Sigmoid 函数，是一种全局逼近的神经网络；而 RBF 网络中的函数是高斯基函数，是局部逼近的神经网络。RBF 神经网络模型已广泛应用于信号处理、模式识别、多系统预测建模等领域。然而，切什姆贝拉等（Cheshmberah et al.，2020）和刘等（2020）认为，RBF 神经网络在如何准确、快速地对非线性系统建模方面，仍然面临挑战和悬而未决的问题。文等（Wen et al.，2016）认为，设计 RBF 神经网络的主要问题涉及两个方面：第一是网络结构的构造（隐层大小和初始参数）；第二是各参数（中心、半径、权值）的优化。与 BP 神经网络相比，主要区别在于使用的函数不同。在 BP 神经网络中，隐层为 sigmoid 函数，是一种具有全局逼近的神经网络；RBF 神经网络是一种局部逼近的神经网络，其函数是高斯基函数。因此，RBF 神经网络可以加快学习速度，并能够有效地避免陷入局部最小的不足，适用于实时控制的要求，有效提高系统的精度、鲁棒性和自适应能力。

RBF 神经网络的结构与多层前向网络类似，是一种三层前向网络。第一层即输入层由信号源节点组成；第二层为隐含层，隐单元数根据所描述问题的需要而定，隐单元的变换函数是 RBF，是中心点径向对称且衰减的非线性函数；第三层为输出层，对输入模式的作用做出响应。输入到输出的映射是非线性的，而隐含层空间到输出层空间的映射是线性的，从而可以加快学习速度并避免局部极小问题。RFB 网络结构，如图 7 - 2 所示。

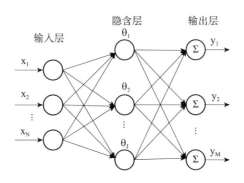

图 7 - 2　RFB 网络结构

资料来源：刘金琨. RBF 神经网络自适应控制 MATLAB 仿真 ［M］. 北京：清华大学出版社，2014.

三、ANP - RBF 方法

第一，根据候选物流服务供应商的经验和实际情况，企业专家需要对候选物流服务供应链的各项指标进行评分，各指标评分与其权重乘积之和即为总分；第二，分数数据经过维数变换后，RBF 神经网络易于训练。ANP - RBF 神经网络模型构建流程，如图 7 - 3 所示。

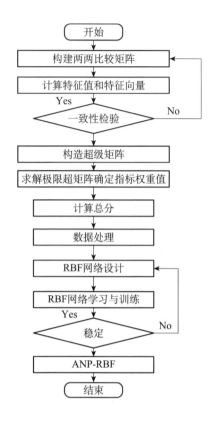

图 7 – 3　ANP – RBF 神经网络模型构建流程

资料来源：笔者根据周荣喜，马鑫，李守荣，李健. 基于 ANP – RBF 神经网络的化工行业绿色供应商选择 [J]. 运筹与管理，2012（1）：212 –219 的相关资料整理绘制而得.

第四节　算例仿真分析

一、数据参数

选取某邮轮公司的数据进行算例检验分析，该公司是一家世界知名的大型邮轮公司，其总部位于美国。2012 年 6 月起，为开拓中国邮轮市场，以上海为邮轮母港设立邮轮中国分公司。为了在邮轮船供物资供应链中保持稳定的关系，需要从多个物流服务供应商中选择合适的长期战略合作伙伴提供邮轮船供物流服务。根据 11 家邮轮船供物流服务供应商的招标样本数据，满分为 10 分，候选物流服务供应商各项指标得分，如表 7-4 所示。

表 7-4　候选物流服务供应商各项指标得分

候选物流服务供应商	C1	C2	C3	C4	C5	C6	C7	C8	C9	C10	C11
1	7	8	6	6	7	6	8	9	6	4	7
2	8	9	7	8	6	8	7	7	6	5	6
3	8	8	8	5	7	7	6	5	5	3	6
4	9	8	7	8	8	7	7	6	6	3	7
5	5	7	6	7	8	7	6	8	6	4	7
6	8	7	8	5	6	5	6	6	7	5	6
7	6	7	7	6	5	6	7	6	5	4	7
8	5	4	5	4	6	4	6	6	3	4	3
9	7	6	7	6	6	5	7	5	7	3	7
10	8	3	4	6	5	3	7	3	3	4	5
11	8	7	8	6	6	6	6	6	5	3	4

资料来源：笔者编制。

二、ANP 确定权重

首先，对邮轮船供物流服务供应商的评价指标进行分类，并根据相关专家的研究成果和研究经验对各指标的重要性进行评价；其次，内部专家根据邮轮企业实际情况的综合评价指标，建立评价矩阵；最后，确定了评价指标体系的网络结构图，构建了内内比较的判断矩阵。业务水平 B1 准则下的判断矩阵，见表 7-5；信息化水平 B2 准则下的判断矩阵，见表 7-6。利用 Super Decisions 2.10 软件建立评价指标体系的网络结构图，构造元素组、元素及相关关系，邮轮船供物流服务供应商评价指标体系网络结构，如图 7-4 所示。

表 7-5　业务水平 B1 准则下的判断矩阵

B1	B1	B2	B4
B1	1	5	3
B2	1/5	1	1/3
B4	1/3	3	1

资料来源：笔者根据专家问卷结果整理而得。

表7-6　　　　　　　　信息化水平 B2 准则下的判断矩阵

B2	B1	B2	B3	B4
B1	1	5	1/3	1/4
B2	1/5	1	1/6	1/7
B3	3	6	1	1/5
B4	4	7	2	1

资料来源：笔者根据专家问卷结果整理而得。

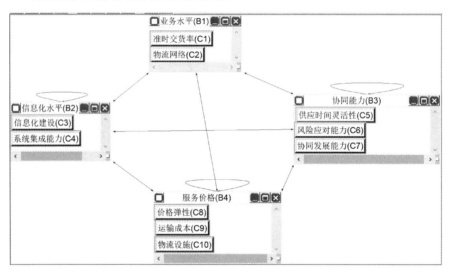

图7-4　邮轮船供物流服务供应商评价指标体系网络结构

资料来源：笔者利用 Super Decisions 2. 10 软件，建立评价指标体系的网络结构图。

　　从表7-6可以看出，业务水平比信息化水平重要，服务价格比协同能力重要。其他一级指标矩阵也按此步骤逐一建立，然后，以准则层为主准则，建立针对目标层的判断矩阵。

　　其他二级指标矩阵按以上方法逐一建立后，运用软件成对比较命令对元素之间的关系进行问卷比较。最后，执行"Computafions"下的"Prioritie"命令，可得到指标权重值，如表7-7所示。

表7-7　　　　　　　　　　　指标权重值

一级指标	二级指标	权重值
业务水平（B1）	准时交货率（C1）	0.2080
	物流网络（C2）	0.2080

续表

一级指标	二级指标	权重值
信息化水平（B2）	信息化建设（C3）	0.0184
	系统集成能力（C4）	0.0179
协同能力（B3）	供应时间灵活性（C5）	0.1018
	风险应对能力（C6）	0.0611
	协同发展能力（C7）	0.0516
服务价格（B4）	价格弹性（C8）	0.0443
	运输成本（C9）	0.1568
	物流设施（C10）	0.1320

资料来源：笔者运用 Super Decisions 2.10 软件建立评价指标体系的网络结构图，根据仿真运行后的结果整理而得。

三、RBF 训练与验证

各样本指标的量纲不同，需进行量纲化处理转换，服务价格利用式（7-7）进行转化，业务水平、信息化水平和协同能力用式（7-8）进行转化。

$$y_i = \frac{\max\{x_i\} - x_i}{\max\{x_i\} - \min\{x_i\}} \qquad (7-7)$$

$$y_i = \frac{x_i - \min\{x_i\}}{\max\{x_i\} - \min\{x_i\}} \qquad (7-8)$$

对表 7-4 中物流服务供应商各数据进行量纲转换处理后，根据上文指标权重结果可得，各物流服务供应商评价结果，如表 7-8 所示。

表 7-8　　　　　　　各物流服务供应商评价结果

物流服务供应商	分　数
1	0.526
2	0.600
3	0.739
4	0.738
5	0.634
6	0.262
7	0.693

续表

物流服务供应商	分　　数
8	0.599
9	0.799
10	0.644
11	0.712

资料来源：笔者根据表 7 - 7、式（7 - 7）和式（7 - 8）计算整理而得。

　　运用 MATLAB 软件，以 10 个指标的权重值作为 RBF 的输入，物流服务供应商的得分作为输出，以量纲化处理后的数据作为训练样本，得到物流服务供应商的 RBF 网络拟合综合评价结果，如图 7 - 5 所示。

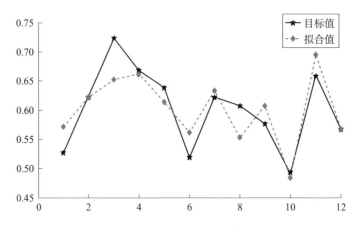

图 7 - 5　物流服务供应商的 RBF 网络拟合综合评价结果

资料来源：笔者运用 MATLAB2019 软件，运行 RBF 神经网络程序代码后绘制而得。

　　对不同类型的数据进行量纲化处理后，用 RBF 神经网络模型进行输入，均方误差 MSE 为 0.0043。其结果值与拟合值接近，表明效果很好。利用 RBF 神经网络评价对训练数据进行验证和拟合，提取隐含的知识和规律，减少主观因素对物流服务供应商评价的影响。因此，该方法学习速度快、误差较小，能较好地解决邮轮船供物流服务供应商评价问题。在此基础上，利用训练好的 RBF 神经网络对 3 个新的物流服务供应商进行综合评价，物流服务供应商评价指标评分，如表 7 - 9 所示。将运用 ANP 方法得到的指标权重应用于 RBF 神经网络模型，综合评分结果对比，如表 7 - 10 所示。

表 7-9　　　　　　　物流服务供应商评价指标评分

物流服务供应商	C1	C2	C3	C4	C5	C6	C7	C8	C9	C10
1	7	5	6	7	8	6	4	7	6	7
2	7	6	6	8	7	6	8	9	9	6
3	6	5	7	8	7	6	6	7	6	8

资料来源：笔者根据专家问卷结果整理而得。

表 7-10　　　　　　　综合评分结果对比

项目	1	2	3
目标值	0.5515	0.1496	0.3869
RBF 拟合值	0.5495	0.1488	0.3764
绝对误差	0.0020	0.0008	0.0105

资料来源：笔者运用 MATLAB 2019 软件，运行 RBF 神经网络程序代码后整理而得。

从表 7-10 可以看出，目标值根据各指标的权重和 3 个邮轮船供物流服务供应商的得分进行了无量纲加权，其中，邮轮船供物流服务供应商 1 最佳，其值为 0.5515。RBF 拟合值与 3 个邮轮船供物流服务供应商的目标值非常接近，最大绝对误差为 0.0105。因此，训练后的 RBF 神经网络模型在物流服务供应商评价中具有较好的学习效果和非线性映射能力。上述分析表明，ANP-RBF 模型的求解算法为增量算法，模型具有良好的可扩展性，增加了评价的动态性。

四、结果对比分析

AHP 方法还可用于解决多准则决策问题，应用于很多物流服务供应商选择的研究中，在此不详细介绍其原理和步骤。运用 AHP 方法构建判断矩阵，信息化水平 B2 准则下的判断矩阵，见表 7-11；业务水平 B1 准则下的二级指标判断矩阵，见表 7-12。

表 7-11　　　　　信息化水平 B2 准则下的判断矩阵

B2	B1	B2	B3	B4
B1	1	5	1/3	1/4
B2	1/5	1	1/6	1/7
B3	3	6	1	1/5
B4	4	7	2	1

资料来源：笔者根据专家问卷结果整理而得。

表 7 – 12　　　　　　　　业务水平 **B1** 准则下的二级指标判断矩阵

B1	C1	C2
C1	1	5
C2	1/5	1

资料来源：笔者根据专家问卷结果计算整理而得。

运用 Super Decisions 2.10 软件，通过 AHP 方法得到各指标权重值，见表 7 – 13；网络拟合综合评价结果，见图 7 – 6。

表 7 – 13　　　　　　　　　　各指标权重值

一级指标	二级指标	权重值（AHP）	权重值（ANP）
业务水平（B1）	准时交货率（C1）	0.121	0.2080
	物流网络（C2）	0.024	0.2080
信息化水平（B2）	信息化建设（C3）	0.012	0.0184
	系统集成能力（C4）	0.036	0.0179
协同能力（B3）	供应时间灵活性（C5）	0.165	0.1018
	风险应对能力（C6）	0.104	0.0611
	协同发展能力（C7）	0.044	0.0516
服务价格（B4）	价格弹性（C8）	0.333	0.0443
	运输成本（C9）	0.050	0.1568
	物流设施（C10）	0.111	0.1320

资料来源：笔者运用 Super Decisions 2.10 软件建立评价指标体系的网络结构图，根据仿真运行后的结果计算整理而得。

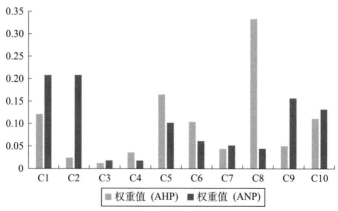

图 7 – 6　网络拟合综合评价结果

资料来源：笔者根据表 7 – 13 运用 EXCEL 软件计算整理绘制而得。

ANP 方法考虑了一级指标与二级指标中具体指标之间的相互依赖和反馈关系。与 AHP 方法的权重比较，主要有两个不同之处：一是在准则层中业务层次的权重增加，取代输出服务价格成为评价邮轮船供物流服务供应商的最重要因素；二是运输成本和物流设施在指标中的权重显著高于成本弹性。

相比之下，运用 ANP 方法确定的权重值是较为合理的。在邮轮船供物流服务供应商评价的四个维度中，业务层面是其他维度的基础。同时，业务水平也受到服务价格和协作能力的反馈和影响，其权重值高于其他三者。不同国家的过境审查程序不同，因此，需求响应及时性的权重值较低。结果表明，ANP 方法更适用于邮轮船供物流服务供应商评估这一复杂系统问题，也更符合实际情况。

目前，邮轮船供物流已经受到运营经理和高层管理决策者的重视，它与经济和环境管制有关，对于邮轮企业来说，具有非常重要的意义。在本章中，采用 ANP‐RBF 方法选择邮轮船供物流服务供应商，为邮轮企业决策者提供了一种新的决策方法，也对其他类型的企业起到一定参考借鉴作用。

第五节　本章小结

本章研究了邮轮船供物流服务供应链评价问题，在对物流服务供应商评价方法进行分析的基础上，提出 ANP‐RBF 方法，运用 ANP 模型确定邮轮船供物流服务供应商指标权重，为避免决策过程中主观因素的影响，在数据验证和拟合时应用 RBF 神经网络，原因在于，其能够提取隐含知识和规律。最后，通过算例仿真分析的结果可以看出，邮轮船供物流服务供应商评价的重要指标是准时交货率和物流网络。因此，有必要构建配套的集散物流网络，实现邮轮船供物资供应链中邮轮物资采购、运输、配送的信息数据交换，以提高供应链的效率和可靠性，并有效地降低邮轮公司库存。这不仅是物流网络优化和建设的真正价值，也是中国邮轮船供体系进一步的发展方向，对中国邮轮公司邮轮船供物流服务供应商的选择具有现实意义。然而，影响邮轮船供物流的因素复杂，部分指标是定性的无法量化。这对邮轮船供物流服务供应商的评价带来一定影响。此外，邮轮港口配套基础设施和相关政策的影响，使得各地邮轮船供公司水平参差不齐，在实际应用中可能会更加复杂。

第八章　重大突发公共卫生事件背景下的邮轮应急物资协同布局策略

　　邮轮船舶的大型化发展，其载客量也不断增加，其具有移动性、密闭性的特点，被称为"海上漂浮的度假村"，极易发生各类邮轮传染病疫情突发公共卫生事件，甚至导致连锁性疫病疫情传播。而邮轮港口作为邮轮服务的重要节点，是联系内陆腹地和海洋旅游的一个天然界面。如何优化邮轮公共卫生应急物资布局，形成协同的应急物资储备体系是关键问题。因此，本章试图对区域邮轮港口公共卫生应急物资的合理配置进行研究，为提高邮轮公共卫生应急救援体系效率，避免资源浪费，在现有布局决策的基础上引入协同概念，加强邮轮港口群应急物资储备的选址—分配协同布局，从而达到最大限度地节约并利用每个邮轮港口资源的目的。同时，可以提升邮轮港口的应急响应能力，提高邮轮应急处置效率。这对完善中国邮轮港口城市公共卫生应急物资储备结构、实现区域港口应急物资互济互助、协同联动，推动邮轮供应链健康可持续发展具有重要的实践意义。

第一节　问题描述

一、邮轮应急物资现有布局

　　目前，邮轮公共卫生应急物资储备大多按照属地原则进行管理，在处理邮轮港口中小型突发公共卫生事件时，具有很强的灵活性和专业性，一旦发生重大突发公共卫生事件，往往会陷入困境。例如，A、B、C、D任一邮轮港口发生中小型突发公共卫生事件，由属地管理的邮轮应急物资能够满足应急救援需求；但是，当任一邮轮港口发生重大突发公共卫生事件，其应急物资需求超过其储备能力，需要从其他邮轮港口调配应急物资。然而，如果缺乏全局应急能动性，使得资源配置效率低，导致该邮轮港口等待救援时间较长，造成了巨大的生命财产损失。究其原因在于，目前，邮轮应急物资的配置是被动防御，而不是预先优化设计，这使得在应对重大公共卫生事件时应急资源难以共享，容易导致供需错配现象。

二、邮轮应急物资协同布局

在现有的邮轮应急物资布局决策中引入应急协同的概念，体现在两个方面：（1）应急资源的协同，即协同选址、应急储备和邮轮应急物资的分配；（2）应急决策的协同，是对区域邮轮港口的整合，优化现有属地管理决策模式，实现邮轮港口的多重覆盖。因此，可以充分优化区域邮轮港口应急物资储备结构，在突发事件发生时最大限度地满足邮轮港口的需求。

当多个邮轮港口考虑协同应急策略时，一旦邮轮港口发生重大突发公共卫生事件，负责邮轮港口救援的应急物资储备库将在第一时间提供应急物资。在区域邮轮港口群组成的邮轮应急储备体系中，其他应急物资储备库需要提供后续应急物资。因此，应解决这些问题：在区域邮轮港口群范围内，从指定备选节点中选择若干港口建立邮轮公共卫生应急物资储备库；然后，配置合适的公共卫生应急物资，满足区域邮轮港口的应急救援需求，降低应急服务成本，提高邮轮应急物资的安全性。

第二节　模型构建

一、符号说明

为了更好地理解后续的数学模型，对本章中涉及的各种参数和变量的数学符号和定义进行了全面总结，模型符号说明，如表 8 - 1 所示。

表 8 - 1   模型符号说明

符号	定　　义
M	区域邮轮港口集合，也是邮轮应急物资储备库的备选节点，$M = \{1, 2, \cdots, m\}$
F_i	邮轮应急物资储备库在备用节点 i 的固定建造成本
Q_i	邮轮应急物资储备库的最大储备能力
d_{ij}	邮轮应急物资储备库的备选节点 i 到邮轮停靠港事故点 j 的距离，当 $i = j$ 时，表示邮轮应急物资储备库的备选节点是邮轮停靠港事故点
D_j	邮轮港口 j 应急物资第一时间需求量
D_0	邮轮应急物资储备库能够提供的第一时间救援覆盖半径
D_u	邮轮应急物资储备库能够提供的最大救援覆盖半径
α_{ij}	第一时间覆盖系数
C_{ij}	第一时间救援分配成本系数，即从邮轮应急物资储备库备选节点 i 到邮轮停靠事故点 j 的单位应急物资分配成本，包括运输成本和存储成本
W_j	通过评价邮轮港口的安全脆弱性得到的邮轮港口事故点 j 的权重
ε	无穷大的正数
Y_i	$0 - 1$ 变量，当 $Y_i = 1$ 时，表示邮轮港口 i 确定建立邮轮应急物资储备库；否则，$Y_i = 0$
Z_{ij}	邮轮停靠事故点 j 从邮轮应急物资储备库备选节点 i 分配的应急物资

资料来源：笔者编制。

二、协同选址—分配模型

传统的最大覆盖选址模型为 $0 - 1$ 模型，但实际上，在邮轮港口群中，所有应急物资储备库都可以在重大突发公共卫生事件发生时为邮轮港口提供救援服务。当发生突发公共卫生事件的邮轮港口是应急物资储备库的分配节点时，覆盖满意度为 1；否则，覆盖满意度随距离的增大而降低，覆盖满意度函数，见式（8 - 1）。

$$S(d_{ij}) = (D_u - d_{ij})/D_u \tag{8 - 1}$$

邮轮港口群公共卫生应急物资储备库协同选址—分配模型如下：

$$f_1 = \min \sum_i \sum_j C_{ij}Z_{ij} + \sum_i F_iY_i \tag{8 - 2}$$

$$f_2 = \max \sum_i \sum_j W_jS(d_{ij})Y_i \tag{8 - 3}$$

邮轮公共卫生应急物资储备库之间的应急物资没有任何差异，决策者综合考虑事故点服务满意度和成本因素进行决策。因此，由式（8-2）可知，邮轮港口群组成的系统总成本最小，包括第一时间应急救援成本和应急物资储备库建设成本。式（8-3）表示，邮轮港口群的总覆盖满意度最大。在式（8-2）和式（8-3）中，约束条件为：

$$\text{s. t.} \quad Z_{ij} \leqslant \varepsilon Y_i, \forall i, \forall j \tag{8-4}$$

$$Z_{ij} \leqslant \varepsilon Y_i, \forall i, \forall j \tag{8-5}$$

$$\sum_i Z_{ij} \geqslant D_j, \forall j \tag{8-6}$$

$$\sum_j Z_{ij} \leqslant Q_i, \forall i \tag{8-7}$$

$$Y_i \in \{0,1\}, \forall i \tag{8-8}$$

$$Z_{ij} \geqslant 0, \forall i, \forall j \tag{8-9}$$

在约束条件中，式（8-4）表示，当邮轮应急物资储备库备选节点 i 在邮轮港口事故点 j 的第一时间救援覆盖半径内时，才能在第一时间为邮轮港口事故点 j 提供救援服务。式（8-5）表示，当在备选节点 i 处建立邮轮应急物资储备库时，才能给邮轮港口事故点 j 提供应急物资。式（8-6）表示，邮轮港口事故点 j 的第一时间应急物资需求量必须被满足。式（8-7）表示，分配的邮轮应急物资数量不能超过邮轮应急物资储备库的最大储备能力。在式（8-8）和式（8-9）中，Y_i 和 Z_{ij} 是决策变量，Y_i 是 0-1 变量，Z_{ij} 是非负约束。

三、邮轮港口安全脆弱性评估指标体系

在式（8-3）中，W_j 是一个关键参数，表示区域邮轮港口在选址—分配协同应急物资系统中各邮轮港口的权重。在重大突发公共卫生事件中，不同邮轮港口受灾程度不同，在进行统一的应急物资选址—分配时，需要考虑各邮轮港口对应急物资需求的差异。邮轮港口安全脆弱性是指，邮轮港口安全状态受到外部因素扰动的一种不稳定状态，与邮轮港口的安全状态有关，使用邮轮港口安全脆弱性指数定量表示。从系统论角度，根据 4M 理论（Man Factors, Machine Factors, Media Factors, Management Factors），即人的不安全行为、物的不安全状态、环境的不良影

响、管理的欠缺。4M 理论广泛应用于事故原因分析，后被美国航空与宇航局（NASA）广泛应用于制定相关规章。本节应用 4M 理论来评估邮轮港口的安全脆弱性。

由以上分析可知，影响邮轮港口安全脆弱性的内部因素包括四个方面及其相互作用。因此，邮轮港口突发事件的风险因素可分为：人员素质（V_1）、设施设备（V_2）、港口环境（V_3）、管理水平（V_4），它们之间相互关联、相互作用。另外，影响邮轮港口安全脆弱性的外部因素是指，邮轮港口受到外部扰动的影响，包括危险性（V_5）和暴露性（V_6）。由此可见，外部因素和内部因素共同决定了邮轮港口的安全脆弱性，内部因素决定了邮轮港口的安全性，外部因素决定了邮轮港口的扰动程度。因此，邮轮港口安全脆弱性评估模型，见式（8-10）。

$$V = \frac{V_f}{V_s} \qquad (8-10)$$

在式（8-10）中，V 表示邮轮港口安全脆弱性指数，V_f 表示邮轮港口的扰动程度，V_s 表示邮轮港口的安全状况。

V_s 取决于内部因素，包括人员素质（V_1）、设施设备（V_2）、港口环境（V_3）、管理水平（V_4），见式（8-11）。

$$V_s = \beta_1 V_1 + \beta_2 V_2 + \beta_3 V_3 + \beta_4 V_4 \qquad (8-11)$$

在式（8-11）中，β_1，β_2，β_3，β_4 分别表示人员素质（V_1）、设施设备（V_2）、港口环境（V_3）、管理水平（V_4）的权重值。

V_f 取决于外部因素，见式（8-12）。

$$V_f = \beta_5 V_5 + \beta_6 V_6 \qquad (8-12)$$

在式（8-12）中，β_5，β_6 表示危险性（V_5）的权重值和暴露性（V_6）的权重值。

在考虑指标数据可得性的基础上，本节选取船员与游客综合素质（V_{11}）、港口监管人员综合素质（V_{12}）、邮轮船舶状态（V_{21}）、邮轮港口（V_{22}）、交通环境（V_{31}）、气象条件（V_{32}）、人员管理（V_{41}）、规章制度（V_{42}）、自然危险（V_{51}）、人为危险（V_{52}）、旅客吞吐量（V_{61}）、接待邮轮数量（V_{62}）作为邮轮港口公共卫生与安全脆弱性评价的指标层。因此，邮轮港口安全脆弱性评价指标体系，如表8－2所示。

表8－2　　　　　　　邮轮港口安全脆弱性评价指标体系

目标层	分目标层	准则层	指标层
邮轮港口安全脆弱性指数（V）	内部因素（安全状况 V_s）	人员素质（V_1）	船员与游客综合素质（V_{11}）
			港口监管人员综合素质（V_{12}）
		设施设备（V_2）	邮轮船舶状态（V_{21}）
			邮轮港口（V_{22}）
		港口环境（V_3）	交通环境（V_{31}）
			气象条件（V_{32}）
		管理水平（V_4）	人员管理（V_{41}）
			规章制度（V_{42}）
	外部因素（扰动程度 V_f）	危险性（V_5）	自然危险（V_{51}）
			人为危险（V_{52}）
		暴露性（V_6）	旅客吞吐量（V_{61}）
			接待邮轮数量（V_{62}）

资料来源：笔者编制。

考虑到部分指标的模糊性，采用层次分析法（analytic hierarchy process，AHP）确定各指标的权重，并采用专家咨询打分法对部分指标的初始数据进行处理。数值为每个指标，并且，每个指标又分为三个数值，一级对应 1 ~ 3 分，二级对应 4 ~ 6 分，三级对应 7 ~ 9 分。然后，请专家打分，取专家的打分平均值计算权重值得分。各准则层的因子，见式（8－13）。

$$V_m = \sum_{n=1}^{s} \beta_{mn} V_{mn} \qquad (8-13)$$

在式（8－13）中，V_{mn} 表示 V_m 的第 n 个指标的值，β_{mn} 表示 V_{mn} 的权重。

第三节　模型求解方法设计

带精英策略的非支配排序的遗传算法（non－dominated sorting genetic

algorithm – II，NSGA – II）是受进化论的启发，作为一种基于遗传算法（GA）的强大决策空间探索引擎来解决多目标优化问题。NSGA – II 本质上是一种遗传算法，其选择算子、交叉算子、变异算子，均与遗传算法相同。2000 年，斯里尼瓦和德布（Srinivas and Deb）在 NSGA 算法的基础上提出 NSGA – II 算法，采用快速非支配排序算法，计算复杂度比 NSGA 算法大大降低；利用拥挤度算子替代共享半径，并在快速排序后的同级比较中作为胜出标准，使准 Pareto 域中的个体能扩展到 Pareto 域并均匀分布，保持了种群的多样性；引入了精英策略，扩大了采样空间，防止最佳个体丢失，提高了算法的运算速度和鲁棒性。贝克勒和尼科尔（Bekele and Nicklow，2007）认为，NSGA – II 算法引入了非支配快速排序、拥挤度、拥挤距离、精英策略等，适用于复杂的、多目标优化问题。

　　邮轮应急物资协同选址—分配决策模型属于多目标优化模型，考虑空间和容量约束下的多重覆盖优化问题，问题复杂、多项式复杂程度的非确定性问题（non – deterministic polynomial，NP）难且规模大、涉及多个约束条件。因此，选择 NSGA – II 算法求解多目标规划模型。对于多目标优化问题，任务是在设计域内找到最优妥协解，即"帕累托前沿"。NSGA – II 算法流程，如图 8 – 1 所示。

　　NSGA – II 算法的步骤如下：

　　步骤 1：初始化种群，得到亲本种群；

　　步骤 2：非显性排序和遗传算子，得到子代种群；

　　步骤 3：结合亲代群体和子代群体，进行快速非支配排序，计算拥挤距离；

　　步骤 4：通过选择合适的个体产生新的亲代群体；

　　步骤 5：通过遗传算子获得新的子代群体，并继续生成，直到达到最大代数。

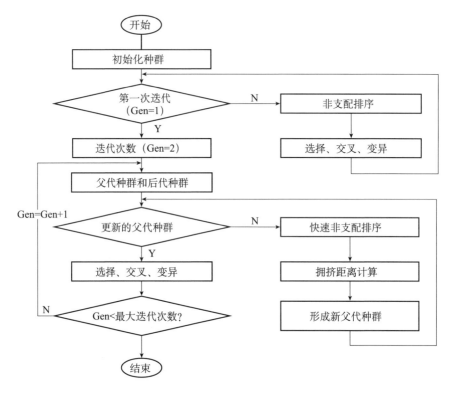

图 8 - 1　NSGA - Ⅱ 算法流程

资料来源：笔者根据 Bekele E. G. , Nicklow J. W. Multi - objective automatic calibration of SWAT using NSGA - Ⅱ [J]. Journal of Hydrology, 2007（341）: 165 - 176 的相关资料整理绘制而得。

第四节　算例仿真分析

目前，中国已形成东北、华北、华东、东南、华南五大邮轮港口群，其中，华东和华南是中国邮轮港口最为丰富的两大区域。本节选择东北亚邮轮港口群系统作为研究对象，包括大连港国际邮轮中心（A）、天津国际邮轮母港（B）、烟台国际邮轮母港（C）、青岛邮轮母港（D）、连云港国际客运站（E）、上海吴淞口国际邮轮港口（F）、舟山群岛国际邮轮港口（G）、温州国际邮轮港口（H）。

一、邮轮港口安全脆弱性评估

采用 AHP 法和专家打分法，邀请 10 位航运领域的专家打分，计算各指标的权重值，准则层指标的权重值，见表 8 – 3；指标层的权重值，见表 8 – 4。

表 8 – 3　　　　　　　　　准则层指标的权重值

指标	人员素质（V_1）	设施设备（V_2）	港口环境（V_3）	管理水平（V_4）	危险性（V_5）	暴露性（V_6）
权重	0.07	0.29	0.48	0.16	0.50	0.50

资料来源：笔者根据专家打分和 AHP 法计算整理而得。

表 8 – 4　　　　　　　　　指标层的权重值

指标层	权重
船员与游客综合素质（V_{11}）	0.75
港口监管人员综合素质（V_{12}）	0.25
邮轮船舶状态（V_{21}）	0.75
邮轮港口（V_{22}）	0.25
交通环境（V_{31}）	0.40
气象条件（V_{32}）	0.60
人员管理（V_{41}）	0.33
规章制度（V_{42}）	0.67
自然危险（V_{51}）	0.60
人为危险（V_{52}）	0.40
旅客吞吐量（V_{61}）	0.55
接待邮轮数量（V_{62}）	0.45

资料来源：笔者根据专家的打分和 AHP 法计算整理而得。

综上所述，根据邮轮港口安全脆弱性指标体系，可以计算出邮轮港口 j 在发生公共卫生事件时的安全脆弱性权重值 W_j，突发公共卫生事件下邮轮港口安全脆弱性权重值，如表 8 – 5 所示。

表 8 – 5　　　突发公共卫生事件下邮轮港口安全脆弱性权重值

邮轮港口	A	B	C	D	E	F	G	H
W_j	7.0	7.7	5.6	7.2	6.6	9.1	6.0	6.2

资料来源：笔者根据专家打分和 AHP 法计算整理而得。

从表8-5可以看出，大连港国际邮轮中心（A）、天津国际邮轮母港（B）、烟台国际邮轮母港（C）、青岛邮轮母港（D）、连云港国际客运站（E）、上海吴淞口国际邮轮港口（F）、舟山群岛国际邮轮港口（G）、温州国际邮轮港口（H）的脆弱性权重，分别为7.0、7.7、5.6、7.2、6.6、9.1、6.0、6.2。

二、其他数据参数

本节选取东北亚邮轮港口群中的8个邮轮港口作为研究对象，假设8个邮轮港口是应急物资储备库的备选节点和邮轮停靠港事故点。邮轮公共卫生应急物资储备库容量为100，覆盖距离 D_u 为650。邮轮应急物资储备库在不同港口的固定建设成本是不同的。每个邮轮港口应急物资储备库的建设成本和容量，如表8-6所示；邮轮港口发生突发公共卫生事件时的应急物资需求量，如表8-7所示。NSGA-Ⅱ算法用于解决多目标规划优化问题，为了避免局部最优，需要适当确定种群大小以及交叉操作和变异操作。种群大小为100，交叉概率为0.80，变异概率为0.15。

表8-6　　　　　每个邮轮港口应急物资储备库的建设成本和容量

项目	A	B	C	D	E	F	G	H
F_i	500	600	300	400	300	750	300	300
Q_i	500	500	500	500	500	500	500	500

资料来源：笔者编制。

表8-7　　　　　邮轮港口发生突发公共卫生事件时的应急物资需求量

项目	A	B	C	D	E	F	G	H
D_j	255	375	230	275	240	455	230	245

资料来源：笔者编制。

另外，运用Map Tools软件可以查询邮轮应急物资储备库备选节点 i 到突发公共卫生事件发生的邮轮停靠港 j 的距离，如表8-8所示，并假设第一时间救援的分配成本系数，如表8-9所示。当邮轮应急物资储备库备选节点为邮轮停靠港事故点时，C_{ij} 为10。

表8－8　　　邮轮应急物资储备库备选节点 i 到突发公共卫生事件
发生的邮轮停靠港 j 的距离　　　　　　（单位：海里）

d_{ij}	A	B	C	D	E	F	G	H
A	0	220	90	278	346	548	577	740
B	220	0	203	443	511	713	742	905
C	90	203	0	247	315	517	546	709
D	278	443	247	0	102	403	432	595
E	346	511	315	102	0	374	403	566
F	548	713	517	403	374	0	139	302
G	577	742	546	432	403	139	0	186
H	740	905	709	595	566	302	186	0

资料来源：笔者运用 Map Tools 软件查询整理而得。

表8－9　　　　　　　　第一时间救援的分配成本系数

C_{ij}	A	B	C	D	E	F	G	H
A	0	65	45	75	80	85	85	90
B	65	0	65	80	85	90	90	100
C	45	65	0	65	70	85	85	90
D	75	80	65	0	45	80	80	85
E	80	85	70	45	0	80	80	85
F	85	90	85	80	80	0	45	75
G	85	90	85	80	80	45	0	60
H	90	100	90	85	85	75	60	0

资料来源：笔者编制。

应用 MATLAB 2019 软件，编程实现上述 NSGA－Ⅱ算法，运行程序得到
Pareto 前沿解。在多目标规划优化过程中，可以进行多次运行。当运行次数
下的 Pareto 前沿一致时，表明该优化收敛，得到帕累托非劣解。经过200次
迭代后 Pareto 前沿基本稳定，表明该算法具有良好的收敛性，目标函数的
帕累托前沿，如图8－2所示；帕累托非劣解集，如图8－3所示。协同方
案布局（N＝5），见图8－4，图8－4表明，NSGA－Ⅱ算法收敛性较高。
当邮轮应急物资储备库个数为5个时，最优结果的帕累托值为2，邮轮应
急物资储备库选址节点分别为 A、B、E、F、G。

现有邮轮公共卫生应急物资储备布局策略中，在东北亚邮轮港口群

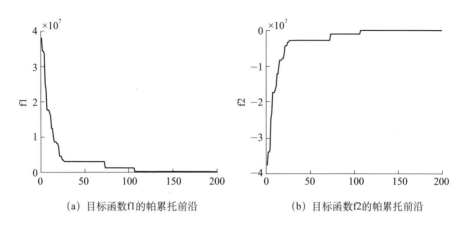

（a）目标函数f1的帕累托前沿　　　　　（b）目标函数f2的帕累托前沿

图 8 - 2　目标函数的帕累托前沿

资料来源：笔者运用 MATLAB 2019 软件，运行 NSGA - Ⅱ算法程序代码后绘制而得。

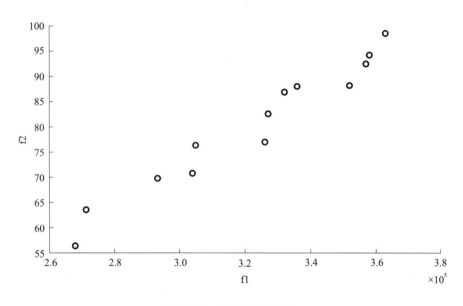

图 8 - 3　帕累托非劣解集

资料来源：笔者运用 MATLAB 2019 软件，运行 NSGA - Ⅱ算法程序代码后绘制而得。

中的 A、B、C、D、E、F、G、H 各邮轮港口均有公共卫生应急物资储备库，则容量利用率为 57.63%，总体覆盖满意度为 46.35%。在协同布局策略中，采用 NSGA - Ⅱ算法求解协同选址—分配模型，基于 NSGA - Ⅱ

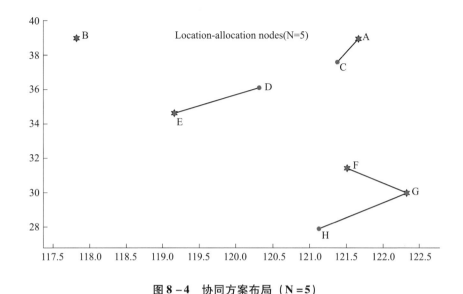

图 8-4 协同方案布局（N=5）

资料来源：笔者运用 MATLAB 2019 软件，运行 NSGA-Ⅱ算法程序代码后绘制而得。

算法的模型求解结果，如表 8-10 所示。从表 8-10 可以看出，随着邮轮应急物资储备库数量的增加，其容量利用率降低，总体覆盖满意度增加，总成本也逐渐增加。但总成本始终不超过现有邮轮公共卫生应急物资储备布局策略下的成本，表明区域邮轮港口应急协同的优越性。但是，在实际救援中，救灾具有弱经济性，紧急救援任务应该不计成本地处理威胁游客安全的问题。因此，当决策者给定一定的总覆盖满意度值时，在帕累托前沿可以找到所有由该值决定的可行解。

表 8-10 基于 NSGA-Ⅱ算法的模型求解结果

项目	现有布局	协同方案一	协同方案二	协同方案三
邮轮应急物资储备库的个数（个）	8	7	6	5
应急物资储备库服务设施的位置	A、B、C、D、E、F、G、H	A、B、D、E、F、G、H	A、B、E、F、G、H	A、B、E、F、G
容量利用率（%）	57.63	65.85	76.83	92.20
总体覆盖满意度（%）	46.35	76.99	69.79	56.44
总成本（元）	351944.30	326088.13	293343.06	267915.80

资料来源：笔者运用 MATLAB 2019 软件，运行 NSGA-Ⅱ算法程序代码后计算整理而得。

第五节　本章小结

　　本章提出了邮轮应急物资协同布局的思想，以覆盖满意度最大化和总成本最小化为目标函数，同时，解决了资源利用效率低的问题。通过对东北亚邮轮港口群的邮轮应急物资布局进行数值仿真分析，运用专家评分法和层次分析法对邮轮港口安全脆弱性进行评价，计算邮轮港口安全脆弱性权重值，并采用 NSGA – Ⅱ 算法求解多目标规划模型。数值算例表明，本章建立的优化设计模型和方法是有效可行的，该算法能够有效地解决上述协同选址与分配问题，并可提供多种决策选项。

第九章　研究总结

采购、配送、库存、物流服务供应商评价、供应链网络是邮轮船供物资供应链系统的核心环节，也是提高中国邮轮船供服务水平的关键。本书在国内外邮轮船供相关研究的基础上，结合中国邮轮船供发展现状和不足，对考虑补给短时间窗特点的邮轮船供物资配送中心选址与配送联合决策、以保税仓库为基础的境外邮轮船供物资多品种联合订购策略、考虑邮轮补给时间线的短保质期邮轮船供物资多阶段补给决策、邮轮船供物流服务供应商评价决策、突发公共卫生事件下的邮轮应急物资协同布局策略等关键问题分别进行了研究，具体有如下五点结论。

（1）对基于短时间窗的邮轮船供物资配送中心选址和配送联合决策问题进行了研究。根据邮轮船供物资三层配送网络，结合邮轮船供物资补给过程中的短时间窗特点，构建了邮轮船供物资配送中心选址—配送联合决策优化模型，在配送成本、固定成本、可变成本和容量约束的基础上引入了由短时间窗导致的配送惩罚函数，更贴近邮轮船供物资补给的实际情况。该模型采用"两阶段"法求解：第一阶段采用 Benders 分解算法，求解邮轮船供物资配送中心选址及其流量分配；第二阶段运用 CPLEX Studio 软件解决了从船舶供应商到配送中心的流量分配问题，并将其与 APSO 算法的仿真结果进行了对比分析，结果表明其在获取最优解方面的优势。

（2）对基于保税仓库的境外邮轮船供物资多品种联合订购策略问题进行了研究。在邮轮船供物资采购全球化背景下，境外船供物资的订购周期和订购成本是不同的，在供应链环境下，以邮轮船供物资采购、配送和库存协同运作订购成本最小化为优化目标，建立了基于保税仓库的多品种联合订购模型，并提出了一种改进群体智能优化算法 WFWA 求解模型。最后，通过算例仿真，与 GA 算法、PSO 算法和 FWA 算法的仿真结果进行了对比分析，验证了 WFWA 算法的有效性。在模型中，基本订购成本和库存容量作为两个关键初始值，与订购周期有密切联系。随着基本订购费用减少，每种境外邮轮船供物资的订购周期与基本订购周期的差距增大，总成本降低。同时，境外邮轮船供物资多品种联合订购策略的优势将更加明显。随着库存能力降低，基本订购周期会缩短，每种境外邮轮船供物资的订购周期也会缩短，导致成本上升。然而，保税仓库库存容量过大，会导致其资源浪费和仓储成本增加。模型综合考虑了采购成本、库存成本和配送成本，可为邮轮企业降低物流采购成本，提高配送效率提供理论参考，对中国邮轮船供物资供应链系统优化具有现实意义。

（3）对考虑时间线的短保质期邮轮船供物资多阶段补给策略问题进行了研究。阐述了邮轮运营中短保质期船供物资双源、多阶段补给的实际问题，第一次订货发生在邮轮出发前，为了获得价格折扣，提前签订采购合同从契约市场订货。然后，邮轮离开母港，开始其航程，到达中途停靠港，如果邮轮需要第二次补给，则从当地（现货）市场进行补给。邮轮航行过程可分为两个时段：第一个时段是从邮轮母港出发后到中途停靠港，第二个时段是从中途停靠港到目的港。邮轮将第一个时段收集到的消费者需求信息作为观察到的需求信号，对第二阶段的市场需求预测进行更新，同时，考虑需求信息删除（DIC），并将贝叶斯不完全信息更新理论引入更新过程中。以邮轮两阶段利润最大化为目标函数，构建了动态需求下基于信息更新的多阶段补给模型，证明了模型在需求先验服从 Gamma 分布、无条件服从指数分布的条件下存在唯一最优解。最后，用数值算例分析了参数变化对结果灵敏度的影响，结果表明与预测信息密切相关，预测信息越准确，邮轮收益越大。

（4）对基于邮轮船供物资供应链特点的邮轮船供物流服务供应商评价问题进行了研究。阐述了邮轮船供物流服务供应商的涵义和类型，基于简明性、独立性、科学性、通用性等原则，结合邮轮船供物流服务供应商的特点，在既有物流服务供应商的评价指标体系基础上，构建了较为全面的反映邮轮船供物流服务供应商的评价指标体系。其中，一级指标为业务水平、信息化水平、协同能力和服务价格，二级指标为准时交货率、物流网络、信息化建设、系统集成能力、供应时间灵活性、风险应对能力、协同发展能力、价格弹性、运输成本、物流设施。并提出了一种基于 ANP – RBF 方法的评价模型，对邮轮船供物流服务供应商进行评价。首先，运用 ANP 模型确定指标权重；其次，应用 RBF 神经网络对数据进行验证和拟合，提取隐含知识和规律，避免了决策过程中主观因素的影响。通过算例仿真分析，表明准时交货率和物流网络是评价邮轮船供物流服务供应商的重要标准。

（5）对重大突发公共卫生事件下的邮轮应急物资协同布局策略进行了研究。基于系统协同视角，构建了系统总成本最小和总覆盖满意度最大的双目标规划模型。基于 4M 理论，构建邮轮港口安全脆弱性指标体系，并运用 AHP 法对邮轮港口安全脆弱性进行评价，计算出模型中的关键参数——邮轮港口安全脆弱性的权重值。为求解多目标优化问题，设计 NSGA – Ⅱ算法，并对算例计算结果进行详细分析。算例计算结果表明，随着邮轮应急物资储备库数量的增加，其容量利用率降低，总体覆盖满意度增加，总成本也逐渐增加，但是，总成本始终不超过现有布局策略下的成本，表明区域邮轮港口应急协同的优越性。

参考文献

［1］毕娅，梁晓磊，赵韦，等．云物流模式下基于最大覆盖配送中心的选址—分配问题研究［J］．计算机应用研究，2012，29（10）：3640－3644.

［2］柏庆国，徐贤浩．碳排放政策下二级易变质产品供应链的联合订购策略［J］．管理工程学报，2018，32（4）：167－177.

［3］蔡丰明，卓丽英，钟政棋．基隆港邮轮船供服务提升策略［J］．中国邮轮产业发展报告，2017：264－298.

［4］程新峰，包乐，苏兵．考虑惩罚成本的果蔬品配送中心选址研究［J］．西安工业大学学报，2014（5）：397－399.

［5］陈旭．需求信息更新条件下易逝品的批量订货策略［J］．管理科学学报，2005，8（5）：38－42.

［6］陈金亮，徐渝，贾涛．对称信息下具有需求预测更新的供应链协调模型分析［J］．中国管理科学，2005（1）：38－42.

［7］陈金亮，宋华，徐渝．不对称信息下具有需求预测更新的供应链合同协调研究［J］．中国管理科学，2010（1）：83－89.

［8］陈晓华，修国义．黑龙江省农产品第三方物流供应商优选研究［J］．科技与管理，2014，16（3）：73－77.

［9］程晓玲．基于 AHP 和 TOPSIS 法的农产品第三方物流服务商选择研究——以福建某大型农产品供应商为例［J］．山东农业工程学院学报，2018，35（10）：3－5.

［10］初从帅，费先宏．基于 AHP－熵权法的军队被装第三方物流供应商选择［J］．军事交通学院学报，2020，22（4）：57－61.

［11］柴亚光，胡华安．供应链应急管理多源采购决策研究［J］．控制与决策，2007，9（3）：220－223.

［12］戴相全，樊治平，刘洋．价格不确定情形的原材料滚动采购策略模型［J］．工业工程与管理，2015，20（3）：60－65.

［13］丁蕊，陈燕，杨明．基于 IDEA 模型的港口物流服务商优选方法［J］．大连海事大学学报，2010，36（1）：44－46.

［14］丁乔．城市果蔬配送集中交付点选址及车辆路径优化研究［D］．青岛：山东科

技大学，2020.

[15] 方春明，孔繁森，隽志才. 基于模糊综合评判与灰色关联分析的汽车工业第三方物流服务商评价指标体系 [J]. 吉林大学学报（工学版），2009，39（S1）：133-137.

[16] 方磊，何建敏. 综合 AHP 和目标规划方法的应急系统选址规划模型 [J]. 系统工程理论与实践，2003（12）：116-120.

[17] 樊博，杨文婷，尹鹏程. 应急资源协同对联动信息系统构建的影响机理——基于 IS 成功模型的分析 [J]. 系统管理学报，2017，26（5）：801-808.

[18] 冯宪超. 中国邮轮物资供应市场解析及政策建议 [J]. 中国港口，2017（10）：31-34.

[19] 付春霞，寿建敏. 全球邮轮物资供应链研究 [J]. 江苏商论，2015（6）：21-24.

[20] 高文军，周阳. 物流服务供应商选择研究综述与展望 [J]. 未来与发展，2014（10）：49-52.

[21] 郭俊峰. 港口煤炭物流中心选址应用研究 [D]. 济南：山东大学，2011.

[22] 郭咏梅，胡大伟，珠兰，等. 考虑可靠性要素的应急物流设施选址分配问题的建模研究 [J]. 中国安全生产科学技术，2017，13（2）：85-89.

[23] 郭营. 考虑需求信息更新的损失规避零售商多期权合约订货策略研究 [D]. 深圳：深圳大学，2017.

[24] 关志民，吴浩. 模糊需求环境下多产品采购配额优化模型 [J]. 东北大学学报（自然科学版），2012，33（8）：1198-1201.

[25] 胡顺利. 发展邮轮产业对所停靠港口城市经济提升带来的机遇 [J]. 经济论坛，2015，539（6）：97-98.

[26] 胡健，史成东. 第三方物流服务提供商的选择研究 [J]. 计算机工程与应用，2008，44（35）：206-208.

[27] 黄凯明. 多层级设施选址—路径规划物流网络优化模型与算法研究 [D]. 西安：西安建筑科技大学，2017.

[28] 黄春雨，马士华，周晓. 基于缩短物流多阶响应周期的 LRP 模型研究 [J]. 工业工程与管理，2004，9（1）：55-59.

[29] 侯淑婕. 带时间窗的冷链物流选址配送问题研究 [D]. 上海：上海大学，2015.

[30] 鞠红梅，宗萌萌. 模糊综合评判法在物流服务供应商选择中的应用 [J]. 物流技术，2012，31（21）：205-207，229.

[31] 康凯，王小宇，马艳芳. 不确定条件下配送回收中心选址配送问题研究 [J].

计算机工程与应用, 2018, 54 (18): 242 – 249.

[32] 刘乐. 上海港外资邮轮物资供给模式创新探索 [J]. 中国市场, 2016 (28): 17 – 18.

[33] 刘焕杰. 论如何打造邮轮产业运营中的物资供应链管理 [J]. 物流工程与管理, 2017, 39 (12): 55 – 57.

[34] 李愈, 赵军, 吴刚. 两级分销网络选址—配送问题的模型与算法 [J]. 计算机集成制造系统, 2012, 18 (11): 2546 – 2553.

[35] 李武, 岳超源, 张景瑞, 等. 随机时变需求下有阶段和总量约束的多源采购优化 [J]. 控制与决策, 2010 (2): 311 – 315.

[36] 李珍萍, 仪明超. 随机需求下基于"自营 + 外包"模式的配送中心选址—配送问题研究 [J]. 中国管理科学, 2022, 30 (8): 143 – 154.

[37] 刘希龙, 季建华. 基于应急供应的弹性供应网络设计研究 [J]. 控制与决策, 2007, 22 (11): 1223 – 1227.

[38] 李帅, 张智聪, 胡开顺, 晏晓辉, 赵少勇, 钟守炎. 多受灾点间应急资源滚动式协同调度研究 [J]. 工业工程与管理, 2017, 22 (6): 71 – 77.

[39] 李东, 陈国宏. 农产品冷链物流供应商选择评价指标体系的构建 [J]. 市场研究, 2019, 22 (6): 64 – 65.

[40] 李珍萍, 赵雨薇, 张煜炜. 共同配送选址路径优化模型与算法 [J]. 重庆大学学报, 2020, 43 (1): 28 – 43.

[41] 林云, 谢敏, 黄波, 郑朝清. TOPSIS 定权 FCE 法在物流供应商选择中的应用 [J]. 计算机应用研究, 2012, 29 (5): 1806 – 1808.

[42] 马云峰. 网络选址中基于时间满意的覆盖问题研究 [D]. 武汉: 华中科技大学, 2005.

[43] 钮臻辉. 水果物流配送中心选址方法研究 [D]. 大连: 大连交通大学, 2014.

[44] 邱晗光, 李海南, 宋晗. 需求依赖末端交付与时间窗的城市配送自提柜选址—路径问题 [J]. 计算机集成制造系统, 2018, 24 (10): 2612 – 2621.

[45] 曲冲冲, 王晶, 何明珂. 京津冀协同应对自然灾害应急资源配置优化研究 [J]. 运筹与管理, 2021, 3 (1): 36 – 42.

[46] 钱蓝, 宋华明. 基于第三方物流的供应物流协同有效性实证研究 [J]. 商业经济研究, 2015, 34 (5): 45 – 47.

[47] 任慧, 王东宇. 考虑拥堵路况下碳排放的选址—配送集成优化问题 [J]. 运筹与管理, 2019, 28 (7): 81 – 90.

[48] 孙晓东, 武晓荣, 冯学钢. 邮轮航线设置的基本特征与规划要素研究 [J]. 旅

游学刊，2015，30（11）：111 – 120.

[49] 苏兵，包乐，程新峰. 腐败率线性可变的易腐品配送中心选址模型与计算 [J]. 统计与决策，2015（8）：45 – 47.

[50] 宋开发. 不确定价格条件下的多阶段采购策略研究 [D]. 上海：上海交通大学，2012.

[51] 宋英华，宁晶婧，吕伟，杜丽敬. 震后初期应急物流公私协同的动态 LAP 模型 [J]. 中国安全科学学报，2018，28（3）：173 – 178.

[52] 宋英华，葛艳，杜丽敬，吕伟. 考虑灾民心理的应急设施选址配送问题研究 [J]. 灾害学，2019，34（1）：187 – 193.

[53] 孙琦，陈娟，季建华. 供应网络横向联合应急战略库存策略研究 [J]. 工业工程与管理，2009，14（2）：16 – 20.

[54] 尚亚菲，刘雪英，贾敏南. 引入惯性权重的烟花算法 [J]. 内蒙古工业大学学报，2016，35（3）：168 – 177.

[55] 石兆，符卓. 时变网络条件下带时间窗的食品冷链配送定位—运输路径优化问题 [J]. 计算机应用研究，2013，30（1）：183 – 188.

[56] 田宇. 物流服务供应链构建中的供应商选择研究 [J]. 系统工程理论与实践，2003，5（6）：49 – 54.

[57] 汤兆平，秦进，孙剑萍. 基于非概率可靠性的铁路应急设施选址—路径鲁棒优化 [J]. 中国管理科学，2022，30（9）：206 – 216.

[58] 吴坚，史忠科. 基于遗传算法的配送中心选址问题 [J]. 华南理工大学学报（自然科学版），2004（6）：71 – 74.

[59] 王占中，汪博，付静，等. 带时间成本及运价折扣的多仓库选址模型 [J]. 长安大学学报（自然科学版），2015（S1）：245 – 249.

[60] 王丽梅，姚忠，刘鲁. 现货供应不确定下的优化采购策略研究 [J]. 管理科学学报，2011，14（4）：24 – 35.

[61] 王苏生，王岩，孙健，王丽. 连续性条件下的多受灾点应急资源配置算法 [J]. 系统管理学报，2011（2）：143 – 150.

[62] 王道平，徐展，杨岑. 基于两阶段启发式算法的物流配送选址—路径问题研究 [J]. 运筹与管理，2017，26（4）：70 – 75.

[63] 文晓巍，达庆利. 一类供应链中多产品的订购策略及实证研究 [J]. 管理工程学报，2007，21（1）：56 – 60.

[64] 吴江华，翟昕，何玉红. 供应链中基于信息更新的订货时间及价格联合决策研究 [J]. 中国管理科学，2010（5）：58 – 65.

［65］吴自强. 基于 K—均值聚簇法的第三方物流供应商的选择［J］. 统计与决策, 2013, 29（24）：53 – 55.

［66］魏世振, 韩玉启. 供应商选择与对策［J］. 南京理工大学学报（自然科学版）2002, 10（5）：1557 – 1560.

［67］韦慧. 基于层次分析法的冷链物流供应商选择标准研究［J］. 价值工程, 2019, 38（35）：151 – 153.

［68］许家义. 上海港船舶供应产业的政策诉求［J］. 中国港口, 2011（9）：21 – 35.

［69］徐长静, 徐尔. 逆向物流中一个多品种定期订货策略［J］. 物流科技, 2006（5）：28 – 29.

［70］许艳. 多时段多源采购决策及其支持系统开发研究［D］. 上海：东华大学, 2015.

［71］杨颖, 姜鲁明, 仲夏. 自贸试验区国际邮轮食品供应检验检疫模式研究［J］. 口岸卫生控制, 2016, 21（2）：21 – 24.

［72］杨继君, 吴启迪, 程艳, 许维胜, 韩传峰. 面向非常规突发事件的应急资源合作博弈调度［J］. 系统工程, 2008, 26（9）：21 – 25.

［73］杨建华, 韩梦莹. 考虑碳税对备件联合订购决策影响的研究［J］. 中国管理科学, 2021, 29（7）：23 – 32.

［74］于炎. 基于规模经济理论的物流配送中心选址方法研究［J］. 中国流通经济, 2009（11）：14 – 17.

［75］于冬梅, 高雷阜, 赵世杰. 考虑凸形障碍的应急设施选址与资源分配决策研究［J］. 系统工程理论与实践, 2019, 39（5）：1178 – 1188.

［76］殷翔宇. 国际邮轮母港邮轮物资配送经验借鉴［J］. 水运管理, 2013（7）：25 – 28.

［77］殷秀清, 张丽娜. 基于改进 AHP 法与 TOPSIS 法的第三方物流服务商选择［J］. 物流技术, 2013, 32（2）：127 – 129.

［78］姚红云, 牛凯. 应急物流中心选址与配送路径优化研究［J］. 物流科技, 2019, 42（3）：35 – 39.

［79］姚杰, 计雷, 池宏. 突发事件应急管理中的动态博弈分析［J］. 管理评论, 2005, 17（3）：46 – 50.

［80］殷允强, 王杜娟, 余玉刚. 整数规划：基础、扩展及应用［M］. 北京：科学出版社, 2022.

［81］尹志红, 鹿强, 崔立丽. 基于信息熵和灰局势决策的第三方物流供应商选择［J］. 中国市场, 2010, 17（10）：18 – 19.

［82］朱彬娇，颜晨广．上海邮轮船供业的发展及问题研究［J］．交通与港航，2015
　　　（2）：59－63．

［83］镇璐，孙晓凡，王帅安．排放控制区限制下邮轮航线及速度优化［J］．运筹与
　　　管理，2019，28（3）：31－38．

［84］赵鑫．基于模糊层次分析法的邮轮公司供应链研究［D］．大连：大连海事大
　　　学，2014．

［85］张晓楠，范厚明，李剑峰．B2C物流配送网络双目标模糊选址模型与算法
　　　［J］．系统工程理论与实践，2015，35（5）：1202－1213．

［86］朱立龙，张建同，尤建新．基于多产品或客户供应链订购集聚效应研究［J］．
　　　同济大学学报（自然科学版），2009，37（1）：134－138．

［87］张金隆，王林，陈涛，等．连续生产模式下的不常用备件联合采购优化分析
　　　［J］．中国管理科学，2004，12（5）：58－62．

［88］张建荣，于永利，张柳，等．基于定周期策略的多品种维修器材联合订购模型
　　　［J］．火力与指挥控制，2012，37（9）：112－116．

［89］张醒洲，张蕾．需求不确定的供应链两阶段订货模型［J］．运筹与管理，2005，
　　　14（6）：45－50．

［90］张宏伟．跨国公司在中国选择第三方物流服务商的影响因素——基于资源基础
　　　理论的视角［J］．物流技术，2013，32（3）：288－291．

［91］周艳菊，邱菀华，王宗润．基于信息更新的多产品两阶段订货风险决策模型
　　　［J］．系统工程理论与实践，2008，28（1）：9－16．

［92］周华．随机需求下多零售商联合订购契约模型研究［D］．武汉：华中科技大
　　　学，2017．

［93］张翠华，王淑玲．基于贝叶斯修正的协同契约研究［J］．东北大学学报，2008，
　　　29（9）：1358－1361．

［94］朱建明．损毁情景下应急设施选址的多目标决策方法［J］．系统工程理论与实
　　　践，2015，35（3）：72－727．

［95］钟明明，吴庆平．基于所有权总成本的供应商选择［J］．包装工程，2005，26
　　　（6）：121－123．

［96］郑宇星．基于层次分析法的港口第三方物流服务供应商选择评价研究［J］，物
　　　流技术，2017，36（1）：54－56，62．

［97］Abbassi A．，Hilali Alaoui A．E．I．，Boukachour J．Integrated location－distribution
　　　problem with two levels and time window［J］．2018 4th International Conference on
　　　Logistics Operations Management（GOL），2018（8）：1－5．

[98] AbdollahNoorizadeh, Mahdi Mahdiloo, Reza Farzipoor Saen. Using DEA cross – efficiency evaluation for suppliers ranking in the presence of dual – role factors [J]. Trends in Applied Sciences Research, 2012, 7 (1): 314 – 323.

[99] Alizadeh M., Mahdavi I., Mahdavi – Amiri N., et al. A capacitated location – allocation problem with stochastic demands using sub – sources: An empirical study [J]. Applied Soft Computing, 2015 (34): 551 – 571.

[100] Amida A., Ghodsypoura S. H., Brien C. O. Fuzzy multiobjective linear model for supplier selection in a supply chain [J]. International Journal of Production Economics, 2006, 104 (2): 394 – 407.

[101] Aguezzoul A. Third – party logistics selection problem: A literature review on criteria and methods [J]. Omega, 2014 (49): 69 – 78.

[102] Asanjarani A., Dibajian S. H., Mahdian A. Multi – objective crashworthiness optimization of tapered thin – walled square tubes with indentations [J]. Thin – Walled Structures, 2017 (116): 26 – 36.

[103] Arora H., Raghu T. S., Vinze, A. Carey resource allocation for demand surge mitigation during disaster response [J]. Decision Support Systems, 2010, 50 (1): 304 – 315.

[104] Aharonovitz M., Vieira J. V., Suyama S. S., et al. How logistics performance is affected by supply chain relationships [J]. International Journal of Logistics Management, 2018, 29 (1): 284 – 307.

[105] Balintfy J. L. On a basic class of multi – item inventory problems [J]. Management Science, 1964, 10 (2): 287 – 297.

[106] Bansal B., Goyal D. Path optimization using APSO [J]. International Journal of Engineering, Applied and Management Sciences Paradigms, 2013, 5 (7): 32 – 39.

[107] Bandara Y. M., Nguyen H. O. Influential factors in port infrastructure tariff formulation, implementation and revision [J]. Transportation Research Part A: Policy and Practice, 2016 (85): 220 – 232.

[108] Bassok Y., Anupindi R. Analysis of supply contracts with total minimum commitment [J]. IIE Transactions, 1997, 29 (5): 373 – 381.

[109] Bakuli D. L., Smith J. M. Resource allocation in state – dependent emergency evacuation networks [J]. European Journal of Operational Research, 1996 (89): 543 – 555.

[110] Bennett M. Competing with the sea: Contemporary cruise ships as omnitopias [J].

Performance Research, 2016, 21 (2): 50 – 57.

[111] Bekele E. G. , Nicklow J. W. Multi – objective automatic calibration of SWAT using NSGA – II [J]. Journal of Hydrology, 2007 (341): 165 – 176.

[112] BesiouM. , Pedraza – Martinez A. J. , Wassenhove L. N. V. Vehicle supply chains in humanitarian operations: Decentralization, operational mix, and earmarked funding [J]. Production and Operations Management, 2014 (23): 1950 – 1965.

[113] Bielecki A. , Wójcik M. Hybrid system of ART and RBF neural networks for online clustering [J]. Applied Soft Computing, 2017 (58): 1 – 10.

[114] Brimberg J. , Mladenovic N. Degeneracy in the multi – source weber problem [J]. Mathematical Programming, 1999, 85 (1): 213 – 220.

[115] Burke Gerard J. , CarrilloJancie E. , Vakharia Asoo J. Single versus multiple supplier sourcing strategies [J]. European Journal of Operational Research, 2007, 182 (1): 95 – 112.

[116] Budiartha R. M. , Adnyana R. M. The development of marine transportation system in supporting sustainable tourism – case study: Nusa Penida Island, Bali Indonesia [J]. Journal of Sustainable Development, 2016, 4 (9): 89 – 95.

[117] CLIA, 2019 Cruise Trends and Industry Outlook. Cruise Lines International Association, Washington, 2021. Available from: https: //cruising. org/ – /media/eu – resources/pdfs/CLIA% 202019 – Cruise – Trends – Industry – Outlook. (Accessed 17 June 2022) .

[118] Chen C. A. How can Taiwan Create a Niche in Asia's Cruise Tourism Industry? [J]. Tourism Management, 2016 (55): 173 – 183.

[119] Chen C. T. , Lin C. T. , Huang S F. A fuzzy approach for supplier evaluation and selection in supply chain management [J]. International Journal of Production Economics, 2009 (102): 289 301.

[120] Chen F. Y. , Krass D. Analysis of supply contracts with total order quantity commitments and non – stationary demands [J]. European Journal of Operational Research, 2001, 131 (2): 309 – 323.

[121] Cheshmberah F. , Fathizad H. , Parad G. A. , Shojaeifar S. Comparison of RBF and MLP neural network performance and regression analysis to estimate carbon sequestration [J]. International Journal of Environmental Science and Technology, 2020, 17 (9): 3891 – 3900.

[122] Choi T. M. , Li D. , Yan H. Optimal two – stage ordering policy with Bayesian in-

formation updating [J]. Journal of the Operational Research Society, 2003 (54):
846 – 859.

[123] Chu Z. , Wang Q. Drivers of relationship quality in logistics outsourcing in China
[J]. Journal of Supply Chain Management, 2012, 48 (3): 78 – 96.

[124] Cramer E. H. , Slaten D. D. , Guerreiro A. , Robbins D. , Ganzon A. Management
and control of varicella on cruise ships: A collaborative approach to promoting public
health [J]. Journal of Travel Medicine, 2012 (19), 226 – 322.

[125] Critic, Cruise, Coronavirus: Which Cruise Ports Are Closed? 2020 – 2021. Available
from: https://www. cruisecritic. com/news/5097/, (Accessed 22 June 2022) .

[126] David K. F. , Guy D. , Stefan R. Integrated Liner Shipping Network Design and
Scheduling [J]. Transportation Science, 2020, 54 (2): 512 – 533.

[127] Dickson G. An analysis of vendor selection systems and decisions [J]. Journal of
Purchasing, 1966, 2 (1): 5 – 17.

[128] Donohue Karen L. Efficient supply contracts for fashion goods with forecast updating
and two production modes [J]. Management Science, 2000, 46 (11):
1397 – 1411.

[129] Degraeve Z. , Labro E. , Roodhooft E. Total cost of ownership purchasing of a serv-
ice: The case of airline selection at Alcatel Bell [J]. European Journal of Operational
Research, 2004, 156 (1): 23 – 40.

[130] Dou Y. J. , Zhu Q. H. , Sarkis J. Evaluating green supplier development programs
with a grey – analytical network process – based methodology [J]. European Journal
of Operational Research, 2014 (233): 420 – 431.

[131] Deb K. , Pratap A. , Agarwal S. , Meyarivan T. A fast and elitist multiobjective ge-
netic algorithm: NSGA – Ⅱ, IEEE Transactions on Evolutionary Computation, 2002:
182 – 197.

[132] Duran, S. , Gutierrez, M. A. , Keskinocak, P. Pre – Positioning of Emergency I-
tems for CARE International [J]. Interfaces, 2011, 41 (3): 223 – 237.

[133] Ding Y. X. Make – or – Buy decision in supply chain management [J]. Manage-
ment Science and Engineering, 2019, 8 (1): 80 – 88.

[134] Eppen G. D. , Iyer A. V. Improved fashion buying with Bayesian updates [J]. Op-
erations research, 1997 (45): 805 – 819.

[135] Efendigil T. , Onut S. , Kongar E. A holistic approach for selection a Third – party
reverse logistics provider in the presence of vagueness [J]. Computers & Industrial

Engineering, 2008 (54): 269 - 287.

[136] Erkoc M. , Iakovou Eleftherios T. , Spaulding Andre E. Multi - stage onboard inventory management policies for food and beverage items in cruise liner operations [J]. Journal of Food Engineering, 2005, 70 (3): 269 - 279.

[137] Feng Q. , Shi R. X. Sourcing from multiple supplier for price - dependent demands [J]. Production and Operations Management, 2011, 21 (3): 547 - 563.

[138] Fiedrich, F. , Gehbauer, F. Optimized resource allocation for emergency response afterearthquake disasters [J]. Safety Science, 2000, 35 (1): 41 - 57.

[139] Freeland A. L. , Vaughan J. G. H. , Banerjee S. N. G. , Vaughan H. J. Acute Gastroenteritis on Cruise Ships - United States, 2008 - 2014 [J]. Morbidity & Mortality Weekly Report, 2016 (65), 1 - 5.

[140] Goyal S. K. Determination of economic packaging frequency of items jointly replenished [J]. Management Science, 1973, 20 (2): 232 - 235.

[141] Gurnani H. , Tang C. S. Optimal ordering decisions with uncertain cost and demand forecast updating [J]. Management Science, 1999, 45 (10): 1456 - 1462.

[142] Guo W. Z. , Li J. , Chen G. L. , Niu Y. Z. , Chen C. Y. A PSO - Optimized Real - Time Fault - Tolerant Task Allocation Algorithm in Wireless Sensor Networks [J]. IEEE Transactions on Parallel and Distribution Systems, 2015, 26 (12): 3236 - 3249.

[143] Guo W. Z. , Liu G. G. , Chen C. Y. A hybrid multi - objective PSO algorithm with local search strategy for VLSI partitioning [J]. Frontiers of Computer Science, 2014, 8 (2): 203 - 216.

[144] Guo L. K. , Li M. , Xu D. C. Efficient approximation algorithms for maximum coverage with group budget constraints [J]. Theoretical Computer Science, 2019 (788): 53 - 65.

[145] Ghosh S. , Lee L. H. , Ng S. H. Bunkering decisions for a shipping liner in an uncertain environment with service contract [J]. European Journal of Operational Research, 2015, 244 (3) 792 - 802.

[146] Geoffrion A. M. , Graves G. W. Multicommodity distribution system design by benders decomposition [J]. Management Science, 1974, 20 (5): 822 - 844.

[147] Ghasimi S. A. , Ramli R. , Saobani N. , Narooei K. D. An uncertain mathematical model to maximize profit of the defective goods supply chain by selecting appropriate suppliers [J]. Journal of Intelligent Manufacturing, 2018, 29 (6): 1219 - 1234.

［148］Ghaffarinasab N. , Kara B. Y. A conditional β – mean approach to risk – averse stochastic multiple allocation hub location problems ［J］. Transportation Research Part E: Logistics and Transportation Review, 2020 (158) .

［149］Ito H. , Hanaoka S. , Kawasaki T. The cruise industry and the COVID – 19 outbreak ［J］. Transportation Research Interdisciplinary Perspectives, 2020 (5): 100136.

［150］Javid A. A. , Azad N. Incorporating location, routing and inventory decisions in supply chain network design ［J］. Transportation Research Part E Logistics & Transportation Review, 2010, 48 (2): 485 – 502.

［151］Jeon J. W. , Duru O. , Yeo G. T. Cruise port centrality and spatial patterns of cruise shipping in the Asian market ［J］. Maritime Policy & Management, 2019, 46 (3): 257 – 276.

［152］Jharkharia S. , Shankar R. Selection of logistics service provider: An analytic network process (ANP) approach ［J］. Omega, 2007, 35 (3): 274 – 289.

［153］Kannan G. , Pokharel S. , Sasi Kumar P. A hybrid approach using ISM and fuzzy TOPSIS for the selection of reverse logistics provider ［J］. Resources: Conservation and Recycling, 2009, 54 (1): 28 – 36.

［154］Kannan D. Sustainable procurement drivers for extended multi – tier context: A multi – theoretical perspective in the Danish supply chain ［J］. Transportation Research Part E Logistics and Transportation Review, 2021 (146): 102 – 104.

［155］Ko M. , Tiwari A. , Mehnen J. A review of soft computing applications in supply chain management ［J］. Applied Soft Computing, 2010 (10): 661 – 674.

［156］Knemeyer A. M. , Murphy P. R. Is the glass half full or half empty? An examination of user and provider perspectives towards third – party logistics relationships ［J］. International Journal of Physical Distribution and Logistics Management, 2005, 35 (10): 708 – 727.

［157］Kuo R. J. , Wang Y. C. , Tien E. C. Integration of artificial neural network and MADA methods for green supplier selection ［J］. Journal of Cleaner Production, 2010, 18 (12): 1161 – 1170.

［158］Lawton L. J. , Butler R. W. Cruise ship industry—Patterns in the Caribbean 1880 – 1986 ［J］. Tourism Management, 1987, 8 (4): 329 – 343.

［159］Lariviere M. A. , Porteus E. L. Stalking information: Bayesian inventory management with unobserved lost saled ［J］. Management Science, 1999, 45 (3): 346 – 363.

［160］Lai K. H. Service capability and performance of logistics service providers ［J］.

Transportation Research Part E: Logistics and Transportation Review, 2004, 40 (5): 385 – 399.

[161] Lai K. H., Cheng T. C. E., Yeung A. C. L. An empirical taxonomy for logistics service providers [J]. Maritime Economics and Logistics, 2004, 6 (3): 199 – 219.

[162] Lee T. L. Global health in a turbulence time: a commentary [J]. Asian Journal of WTO & International Health Law & Policy, 2020 (15), 27 – 60.

[163] Lois P., Wang A., Ruxton T. Formal safety assessment of cruise ships [J]. Tourism Management, 2004, 25 (1): 93 – 109.

[164] Li H., Meng S., Tong H. How to control cruise ship disease risk? Inspiration from the research literature, Marine policy, 2021 (132): 104652.

[165] Liu G. G., Guo W. Z., Li R. R. XGRouter: High – quality global router in X – architecture with particle swarm optimization [J]. Frontiers of Computer Science, 2015, 9 (4): 576 – 594.

[166] Liu G. G., Huang X., Guo W. Z., Niu Y. Z., Chen G. L. Multilayer obstacle – avoiding X – architecture steiner minimal tree construction based on particle swarm optimization [J]. IEEE Transactions on Cybernetics, 2015, 45 (5): 989 – 1002.

[167] Liu G. G., Guo W. Z., Niu Y. Z. A PSO – based timing – driven Octilinear Steiner tree algorithm for VLSI routing considering bend reduction [J]. Soft Computing, 2015, 19 (5): 1153 – 1169.

[168] Liu Q., Sun P., Fu X., Zhang J., Yang H., Gao H., Li Y. Comparative analysis of BP neural network and RBF neural network in seismic performance evaluation of pier columns [J]. Mechanical Systems and Signal Processing, 2020 (141).

[169] Liu B., Chen J., Wu S., Liu S. F. Two – stage ordering decision for a short – life – cycle product [J]. System Science and Systems Engineering, 2006, 15 (3): 340 – 358.

[170] Li X. T., Sun Y. Application of RBF neural network optimal segmentation algorithm in credit rating [J]. Neural Computing and Applications, 2021, 14 (33): 8227 – 8235.

[171] Lu Y., Francis JVasko. A comprehensive empirical demonstration of the impact of choice constraints on solving generalizations of the 0 – 1 knapsack problem using the integer programming [J]. Engineering Optimization, 2020 (52): 1632 – 1644.

[172] Maltz A. B. The relative importance of cost and quality in the outsourcing of warehousing [J]. Business Logistics, 1994, 15 (2): 45 – 62.

[173] Ma L. J., Zhao Y. X., Xue W. L., Cheng T. C. E., Yan H. M. Loss – averse ne-

wsvendor model with two ordering opportunities and market information updating [J]. International Journal of Production Economics, 2012, 140 (2): 912 – 921.

[174] Marielle C., Erik H., David P., David S., Charlotte V. Liner shipping network design [J]. European Journal of Operational Research, 2020, 286 (1): 1 – 20.

[175] Majid Azadi, Reza Farzipoor Saen. A new chance – constrained data envelopment analysis for selecting third – party reverse logistics providers in the existence of dual – role factors [J]. Expert Systems with Applications, 2011, 38 (10): 12231 – 12236.

[176] Manupati V. K., Schoenherr T., Wagner S. M., Soni B., Panigrahi S., Ramkumar M. Convalescent plasma bank facility location – allocation problem for COVID – 19 [J]. Transportation research. Part E, Logistics and transportation review, 2021 (156): 102517.

[177] Meng Q, Wang Y D, Du Y Q. Bunker procurement planning for container liner shipping companies: Multistage stochastic programming approach [J]. Transportation Research Record, 2015, 2479 (1): 60 – 68.

[178] Meena P. L., Sermah S. P. Multiple sourcing under supplier failure risk and quantity discount: A genetic algorithm approach [J]. Transportation Research Part E: Logistics and Transportation Review, 2013 (50): 84 – 97.

[179] MeteH. O., Zabinsky Z. B. Stochastic optimization of medical supply location and distribution in disaster management [J]. International Journal of Production Economics, 2010 (126): 76 – 84.

[180] Mehmet Ferhat Candas, Erhan Kutanoglu. Benefits of considering inventory in service parts logistics network design problems with time – based service constraints [J]. IIE Transactions, 2007, 39 (2): 159 – 176.

[181] Moriarty L. F., Plucinski M. M., Marston B. J., et al., Public Health Responses to COVID – 19 Outbreaks on Cruise Ships — Worldwide, February – March 2020 [J]. MMWR: Morbidity & Mortality Weekly Report, 2020 (69): 347 – 352.

[182] Mileski J. P., Wang G., Beacham L. L. Understanding the causes of recent cruise ship mishaps and disasters [J]. Research in Transportation Business Management, 2014 (13): 65 – 70.

[183] Mileski J. P., Honeycutt J. Flexibility in maritime assets and pooling strategies: A viable response to disaster [J]. Marine Policy, 2013 (40): 111 – 116.

[184] Miltenburg J., Pong H. C. Order quantities for style goods with two order opportunities and Bayesian updating of demand. Part 2: capacity constraints [J]. Internation-

al Journal of Production Research, 2007, 45 (8): 1707 – 1723.

[185] Mohan K Menon. Selection criteria for providers of third – party logistics service: An exploratory study [J]. Journal of Business Logistics, 1998, 19 (1): 121 – 137.

[186] Miltenburg J. , Pong H. C. Order quantities for style goods with two order opportunities and Bayesian updating of demand. Part 1: capacity constraints [J]. International al Journal of Production Research, 2007, 45 (7): 1643 – 1663.

[187] Mohamed K. M. , Kjetil F. , Frank M. , Elizabeth L. Analyzing different designs of liner shipping feeder networks: A case study [J]. Transportation Research Part E: Logistics and Transportation Review, 2020 (134) .

[188] Jones J. W. Accounting practices in ship chandlery [J]. Management Accounting, 1973, 55 (2) : 28.

[189] Ouyang M. Review on modeling and simulation of interdependent critical infrastructure systems [J]. Reliability Engineering & System Safety, 2014 (121): 43 – 60.

[190] Pallis A. A. , Papachristou A. A. European Cruise ports: challenges since the pre – pandemic era [J]. Transport Review, 2021, 41 (3): 352 – 373.

[191] Pallis A. A. , Arapi K. P. , Papachristou A. A. Models of cruise ports governance [J]. Maritime Policy & Management, 2019 (46), 630 – 651.

[192] Pamucar D. , Yazdani M. , Obradovic R. , etal. A novel fuzzy hybrid n eutrosophic decision – making approach for the resilient supplier selection problem [J]. International Journal of Intelligent Systems, 2020, 35 (12): 1934 – 1986.

[193] Pansandideh S. H. R, Niaki S. T. A, Asadi K. Optimizing a bi – objective multi – product multi – period three echelon supply chain network with warehouse reliability [J]. Expert Systems with Applications, 2015, 42 (5): 2615 – 2623.

[194] Paryhiban H. P. , Abdul Z. , Chintamani P G. A multi criteria decision making approach for supplier selection [J]. Procedia Engineering, 2012 (38): 2312 – 2328.

[195] PapachristouA. A. , Pallis A. A. , Vaggelas G. K. Cruise home – port selection criteria, Res [J]. Research in Transportation Business & Management, 2020 (45): 100584.

[196] Pirkul H. , Aras O. A. Capacitated multiple item ordering problem with quantity discounts [J]. IIE Transactions, 1985, 17 (3): 206 – 211.

[197] Qiao J. F. , Meng X. , Li W. J. An incremental neuronal – activity – based RBF neural network for nonlinear system modelling [J]. Neurocomputing, 2018 (302): 1 – 10.

[198] Raúl Compés López, Nigel Poole. Quality assurance in the maritime port logistics

chain: the case of Valencia, Spain [J]. Supply Chain Management: An International Journal, 1998, 3 (1): 33 – 44.

[199] Regina Galo N., Ribeiro P. C. C., Mergulhão R. C., Vidal Vieira J. G. Selection of a logistics service provider: Alignment between criteria and indicators [J]. Innovar, 2018, 28 (69): 55 – 70.

[200] RezaFarzipoor Saen. A mathematical model for selecting third – party reverse logistics providers [J]. International Journal of Procurement Management, 2009, 2 (2): 180 – 190.

[201] Rodrigue J. P., Wang G. W. Y. Cruise shipping supply chains and the impacts of disruptions: The case of the Caribbean [J]. Research in Transportation Business & Management, 2020 (45): 100551.

[202] Rekik, M., Renaud, J., Abounacer, R. An exact solution approach for multi – objective location transportation problem for disaster response [J]. Computers & operations research, 2014 (41): 83 – 93.

[203] Salmeron, J., Apte., A. Stochastic optimization for natural disaster asset prepositioning [J]. Production and Operations Management, 2010, 19 (5): 561 – 574.

[204] Sun H. Y., Zeng Q. C., Xiang H., et al., Competition model of cruise home ports based on the cruise supply chain – based on China cruise market [J]. Maritime Policy&Management, 2019, 46 (3): 277 – 294.

[205] Shi Y., Wu F., Chu L. K., et al. A portfolio approach to managing procurement risk using multi – stage stochastic programming [J]. Journal of the Operational Research Society, 2011, 62 (11): 1958 – 1970.

[206] Shishodia A., Verma P., Dixit V. Supplier evaluation for resilient project driven supply chain [J]. Computers & Industrial Engineering, 2019 (129): 465 – 478.

[207] Sivler E A. A simple method of determining order quantities in joint replenishments under deterministic demand [J]. Management Science, 1976, 22 (12): 1351 – 1361.

[208] Song H. M., Yang H., Ma L., Xu Q, Fang J. Optimal two ordering policy with censored demand information in a quick response (QR) system [J]. African Journal of Business Management, 2011, 34 (5): 13267 – 13275.

[209] Spencer M. S., Rogers D. S., Daugherty P. J. JIT systems and external logistics suppliers [J]. Operations and Production Management, 1994, 14 (6): 60 – 74.

[210] Sun X., Feng X., Gauri D. K. The cruise industry in China – efforts, progress and challenges [J]. International Journal of Hospitality Management, 2014 (42), 71 – 84.

[211] Sun S. Q. , Zhao L. L. Legal issues and challenges in addressing the coronavirus outbreak on large cruise ships: A critical examination of port state measures [J]. Ocean & coastal management, 2022 (217): 105995.

[212] Tancrez J. S. , Lange J. C. , Semal P. A. Location – inventory model for large three – level supply chains [J]. Transportation Research Part E Logistics & Transportation Review, 2010, 46 (5): 582 – 597.

[213] Tan Y. Fireworks Algorithm: A novel swarm intelligence optimization method [J]. Springer, Berlin, 2015.

[214] Tan Y. , Zhu Y. Fireworks algorithm for optimization [J]. International Conference on Advances in Swarm Intelligence (ICSI), 2010 (6145): 355 – 364.

[215] Tang C. S. Perspectives in supply chain risk management [J]. International Journal of Production Economics, 2006, 103 (2): 451 – 488.

[216] Tang C. S. Robust strategies for mitigating supply chain disruptions [J]. International Journal of Logistics Research and Applications: A leading Journal of Supply Chain Management, 2006, 9 (1): 33 – 45.

[217] Tukamuhabwa R. B. , Stevenson M. , Busby J. , Zorzini M. Supply chain resilience: definition, review and theoretical foundations for further study [J]. International Journal of Production Research, 2015, 53 (18): 5592 – 5623.

[218] Thakkar Jitesh, Deshmukh S. G. , Gupta A. D. et al. , Selection of third – party logistics (3PL): A hybrid approach using interpretive structural modeling (ISM) and analytic network process (ANP) [J]. Supply Chain Forum: an International Journal, 2005, 6 (15): 32 – 46.

[219] Tzeng, G. H. , Cheng, H. J. , Huang, T. D. Multi – objective optimal planning for designing relief delivery systems [J]. Transportation Research: Part E, Logistics and Transportation Review, 2007, 43 (6): 673 – 686.

[220] Vaggelas G. K. , Lagoudis I. N. Analysing the supply chain strategy of the cruise industry – The case of a small cruise company [J]. International Association of Maritime Economists (IAME 2010) . Lisbon.

[221] Véronneau S, Cimon Y. Maintaining robust decision capabilities: An integrative human – systems approach. Decision Support Systems, 2007, 43 (1): 127 – 140.

[222] Véronneau S, Roy J. RFID benefits, costs, and possibilities: The economical analysis of RFID deployment in a cruise corporation global service supply chain [J]. International Journal of Production Economics, 2009, 122 (2): 692 – 702.

[223] Véronneau S, Roy J. Global service supply chain: An empirical study of current practices and challenges of a cruise line corporation [J]. Tourism Management, 2009, 30 (1): 129 – 139.

[224] Véronneau S., Roy J., Beaulieu M. Cruise ship suppliers: A field study of the supplier relationship characteristics in service supply chain [J]. Tourism Management Perspectives, 2015 (16): 76 – 84.

[225] Vukonic D., Bielic T., Russo A. Organizational factors in management of "Mega Cruise ships" from crowd management control aspect [J]. Scientific Journal of Maritime Research, 2016 (30): 58 – 66.

[226] Verma R. , Pullman E. An analysis of the third – party logistics provider selection process [J]. International Journal of Logistics Management, 2000, 5 (10): 138 – 143.

[227] Weaver A. The mcdonaldization thesis and cruise tourism [J]. Annals of Tourism Research, 2005, 32 (2): 346 – 366.

[228] Weber C. A. , Current J. R. , Benton W. C. Vendor selection criteria and methods [J]. European Journal of Operational Research, 1991, 50 (1): 2 – 18.

[229] Watson Gandy C. D. T. , Dohrn P. J. Depot location with van salesmen: A practical approach [J]. Omega, 1973, 1 (3): 321 – 329.

[230] William H. , Xu X. W. , Prasanta K. D. Multi – criteria decision making approaches for supplier evaluation and selection: A Literature Review [J]. European Journal of Operational Research, 2010 (202): 16 – 24.

[231] Khurrum S. Bhutta, Faizul Huq. Supplier selection problem: a comparison of the total cost of ownership and analytic hierarchy process approaches [J]. Supply Chain Management: An International Journal, 2002, 7 (3): 126 – 135.

[232] Wang Y. , Peng S. G. , Zhou X. S. , Mahmoudi M. , Zhen L. Green logistics location – routing problem with eco – packages [J]. Transportation Research Part E: Logistics and Transportation Review, 2020 (143): 102 – 118.

[233] Wang K. , Wang S. A. , Zhen L. , Qu X. B. Cruise service planning considering berth availability and decreasing marginal profit [J]. Transportation Research: Part B, 2017 (95), 1 – 18.

[234] Wen H. , Xie W. X. , Pei J. H. An incremental learning algorithm for the hybrid RBF – BP network classifier [J]. EURASIP Journal on Advances in Signal Processing, 2016 (1): 1 – 15.

[235] Wang Y., Yuan Y. Y., Guan X. Y., Xu M. Z., Wang L., Wang H. Z., Liu Y., Collabo-

rative two – echelon multicenter vehicle routing optimization based on state – space – time network representation [J]. Journal of Cleaner Production, 2020 (258): 120590.

[236] Wang Y., Ma X. L., Li Z. B., Liu Y., Xu M. Z., Wang Y. H. Profit distribution in collaborative multiplecenters vehicle routing problem [J]. Journal of Cleaner Production, 2017 (144): 203 –219.

[237] Wookjeong N., Byeung – Hun S., Wonhwa H. Analysis of walking – speed of cruise ship passenger for effective evacuation in emergency [J]. Medico – Legal Update, 2019 (19), 710 –716.

[238] Yang J., Wang J., Wong C. W. Y., Lai K. H. Relational stability and alliance performance in supply chain [J]. Omega: The International Journal of Management Science, 2008, 36 (4): 600 –608.

[239] Zio E. Reliability engineering: Old problems and new challenges [J]. Reliability Engineering and System Safety, 2009, 94 (2): 125 –141.

[240] Zhen L., Wu Y. W., Wang S. A., Gilbert L. Green technology adoption for fleet deployment in a shipping network [J]. Transportation Research Part B: Methodological, 2020 (139): 388 –410.

[241] Zhang H. Q., Wang W., Chen J. H., Rangel – Buitrago N., Shu Y. Q. Cruise tourism in the context of COVID – 19: Dilemmas and solutions [J]. Ocean & Coastal Management, 2022 (228): 106321.

[242] Zhao Y. X, Choi T. M., Cheng T. C. E. Shouyang Wang. Supply chain contracts with spot market and demand information updating [J]. European Journal of Operational Research, 2018, 288 (3): 1062 –1071.

[243] Zhang H. R., Ying L., Liang Y. T., et al. A voyage with minimal fuel consumption for cruise ships [J]. Journal of Cleaner Production, 2019 (215): 144 –153.

[244] Zanjirani F. R., Hekmatfar M. Facility location: concepts, modes, algorithms and case studies [J]. Applications and theory, 2009, 28 (1): 65 –81.